作りたいのは
すっきり見える服

7・9・11・13・15号の実物大パターン2枚

香田あおい

文化出版局

すっきり見える服

洋服は着る人をいかにスリムに映し出してくれるか、これしかない！といっても過言ではない。

こだわったのは縦のライン。例えばハイウエスト切替えから広がるフレアやギャザー。
胸幅とウエスト幅の絶妙な比率からできた、ウエストマーク。
下にきれいに落ちるようにパターン上で計算したギャザー分量……。

他にも多々あるスリムに見える技を入れてデザインした21点の服から、
自分にぴったりな"すっきり服"を見つけてほしいと思う。

香田あおい

A 肩になじませた ドロップトショルダーと 裾の絞込みがきれいなバランス。

A1 →p.4　　A2 →p.8

B バストより少し下が ほっそり見える ヨークの切替え位置。

B1 →p.12　　B2 →p.16　　B3 →p.17

C 絞込み位置を高めに。 さらにフレア布を はさみ込んで効果UP。

C1 →p.20　　C2 →p.24　　C3 →p.25

D 大きな衿ぐりの ゆったりボレロは、 下のトップが透ける布を選んで。

D1 →p.28　　D2 →p.32

E 衿ぐりのギャザー分量に
こだわった、
ベストなゆとりのシルエット。

E1 →p.36　　E2 →p.40

F 中心はすっきりと、
腰位置のみギャザーを入れて
ウエストマーク。

F1 →p.44　　F2 →p.48

G カシュクールのシェープ効果を、
ウエストを絞った脇線で
さらに強調。

G1 →p.52　　G2 →p.53

H アシンメトリーな裾と
前あきで、
ほっそりした縦長のライン。

H1 →p.56　　H2 →p.57

I トップを選ばない
スレンダーパンツ。
きれいに見える丈を見つけたい。

I1 →p.60　　I2 →p.61

J ギャザースカートに
見えるパンツ。
どんな体型にもきれいにフィット。

J →p.64

アンダードレス →p.68

A 肩になじませたドロップショルダーと裾の絞込みがきれいなバランス。
ゆったりめのシルエットも裾で少し細めにして、さらに後ろを長くすることで逆三角形のほっそりしたバランスになります。

A1

キャミソールのようなぴったりしたアイテムに重ねて、透ける素材ではおるように着こなします。

Blouse
→ p.6

すっきり見える服 A

A1 p.4 Blouse

[出来上り寸法]

7号　　バスト116cm／着丈84cm
9号　　バスト121cm／着丈84cm
11号　　バスト125cm／着丈84cm
13号　　バスト129cm／着丈84.5cm
15号　　バスト134cm／着丈84.5cm

※バスト寸法は前中心のタックを広げた状態ではかっています。

[材料]

表布（リネン）：7、9号は150cm幅1.4m、
　　　　　　　11〜15号は150cm幅1.8m
　　　　　　　（110cm幅の場合は全サイズ1.8m）
接着芯：92cm幅30cm

[パターン]

A前　A後ろ　A前衿ぐり見返し
A後ろ衿ぐり見返し　A前袖ぐり見返し
A後ろ袖ぐり見返し

[準備]

◎前後衿ぐり見返しと袖ぐり見返しに接着芯をはる。

裁合せ図（7、9号）

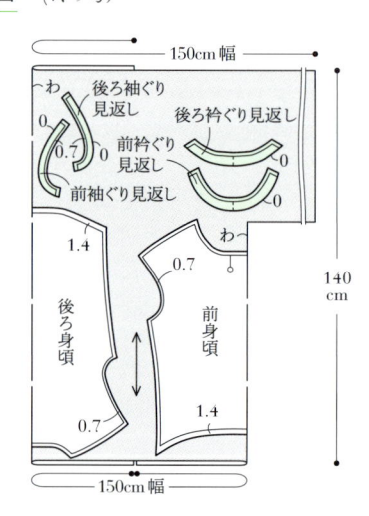

*指定以外の縫い代は1cm　* ▢は接着芯をはる

出来上り図

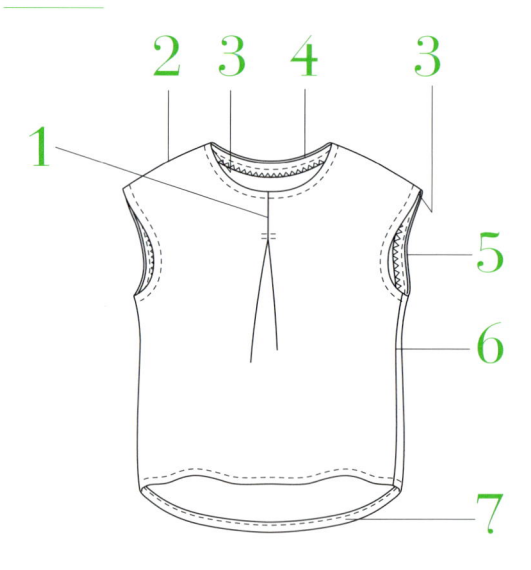

1
前身頃のタックを縫う。

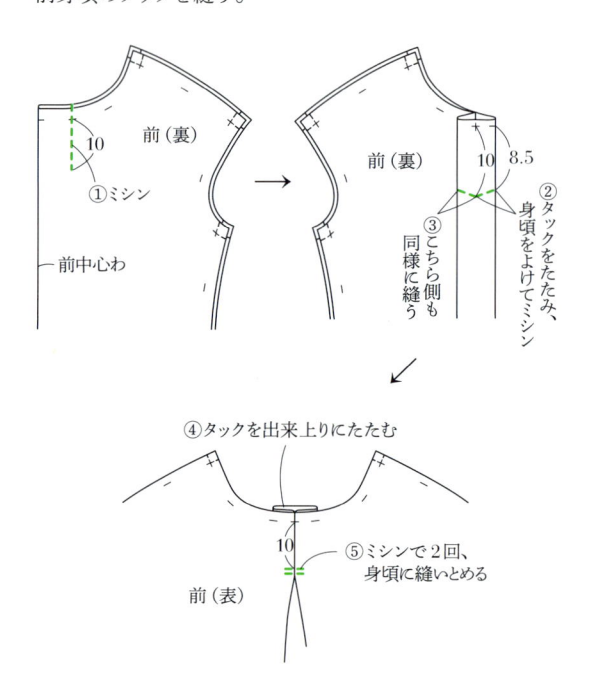

①ミシン
②タックをたたみ、身頃をよけてミシン
③こちら側も同様に縫う
④タックを出来上りにたたむ
⑤ミシンで2回、身頃に縫いとめる

2
身頃の肩を縫う。

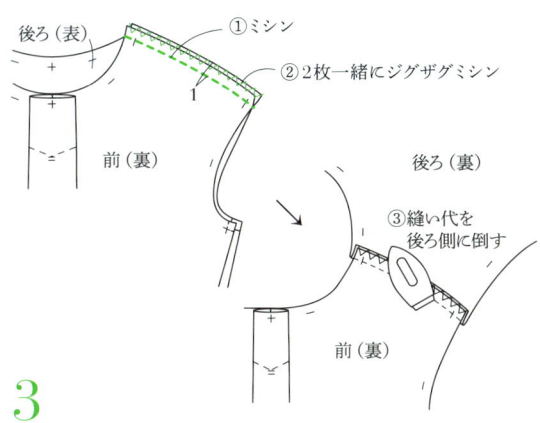

- 後ろ（表）
- ①ミシン
- ②2枚一緒にジグザグミシン
- 前（裏）
- 後ろ（裏）
- ③縫い代を後ろ側に倒す
- 前（裏）

3
見返しの肩を縫う。

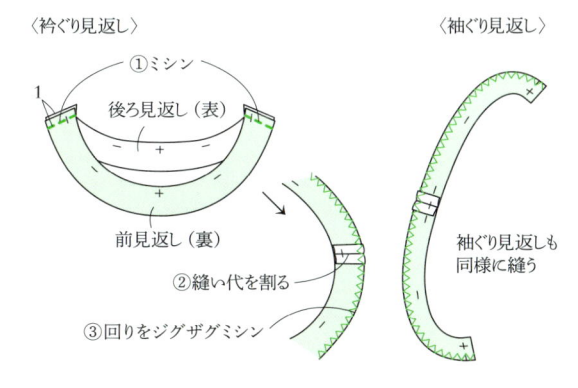

〈衿ぐり見返し〉
- ①ミシン
- 後ろ見返し（表）
- 前見返し（裏）
- ②縫い代を割る
- ③回りをジグザグミシン

〈袖ぐり見返し〉
- 袖ぐり見返しも同様に縫う

4
見返しで衿ぐりを始末する。

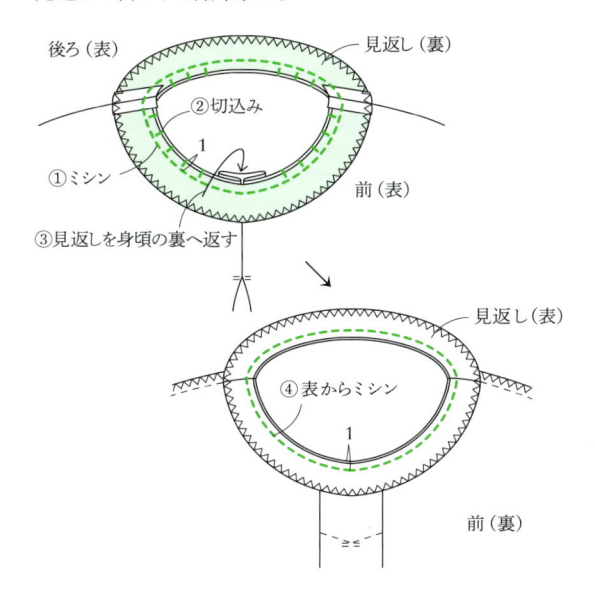

- 後ろ（表）
- 見返し（裏）
- ②切込み
- ①ミシン
- 前（表）
- ③見返しを身頃の裏へ返す
- 見返し（表）
- ④表からミシン
- 前（裏）

5
袖ぐりに見返しをつける。

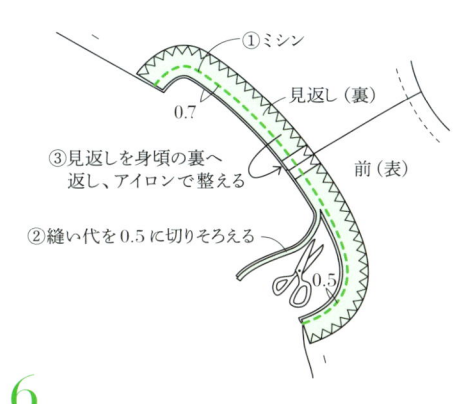

- ①ミシン
- 見返し（裏）
- 0.7
- ③見返しを身頃の裏へ返し、アイロンで整える
- 前（表）
- ②縫い代を0.5に切りそろえる
- 0.5

6
身頃の脇を縫い、袖ぐりの始末をする。

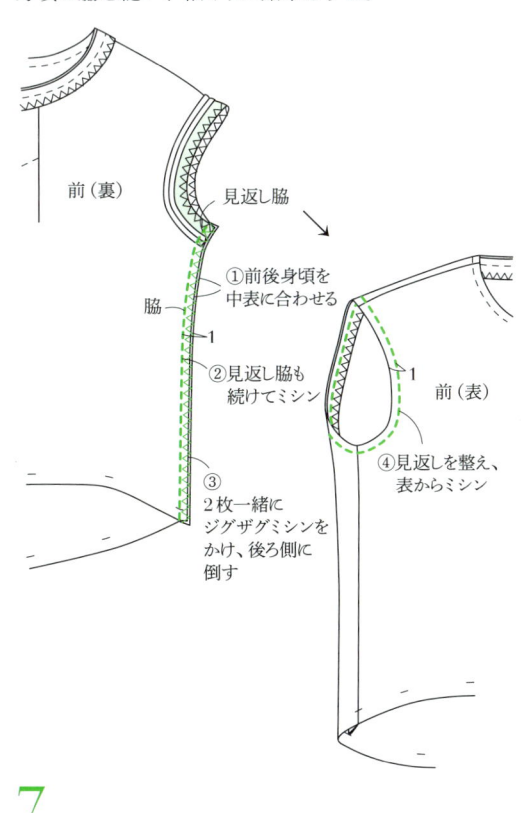

- 前（裏）
- 見返し脇
- 脇
- ①前後身頃を中表に合わせる
- ②見返し脇も続けてミシン
- ③2枚一緒にジグザグミシンをかけ、後ろ側に倒す
- 前（表）
- ④見返しを整え、表からミシン

7
裾の始末をする。

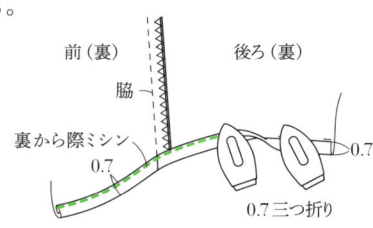

- 前（裏）
- 後ろ（裏）
- 脇
- 裏から際ミシン
- 0.7
- 0.7
- 0.7三つ折り

A2

A1のブラウスの肩に
ボーをはさみ込んだデザイン。
前後、好きなほうで結びます。
最上級の綿、海島綿を使って。
Blouse
→p.10

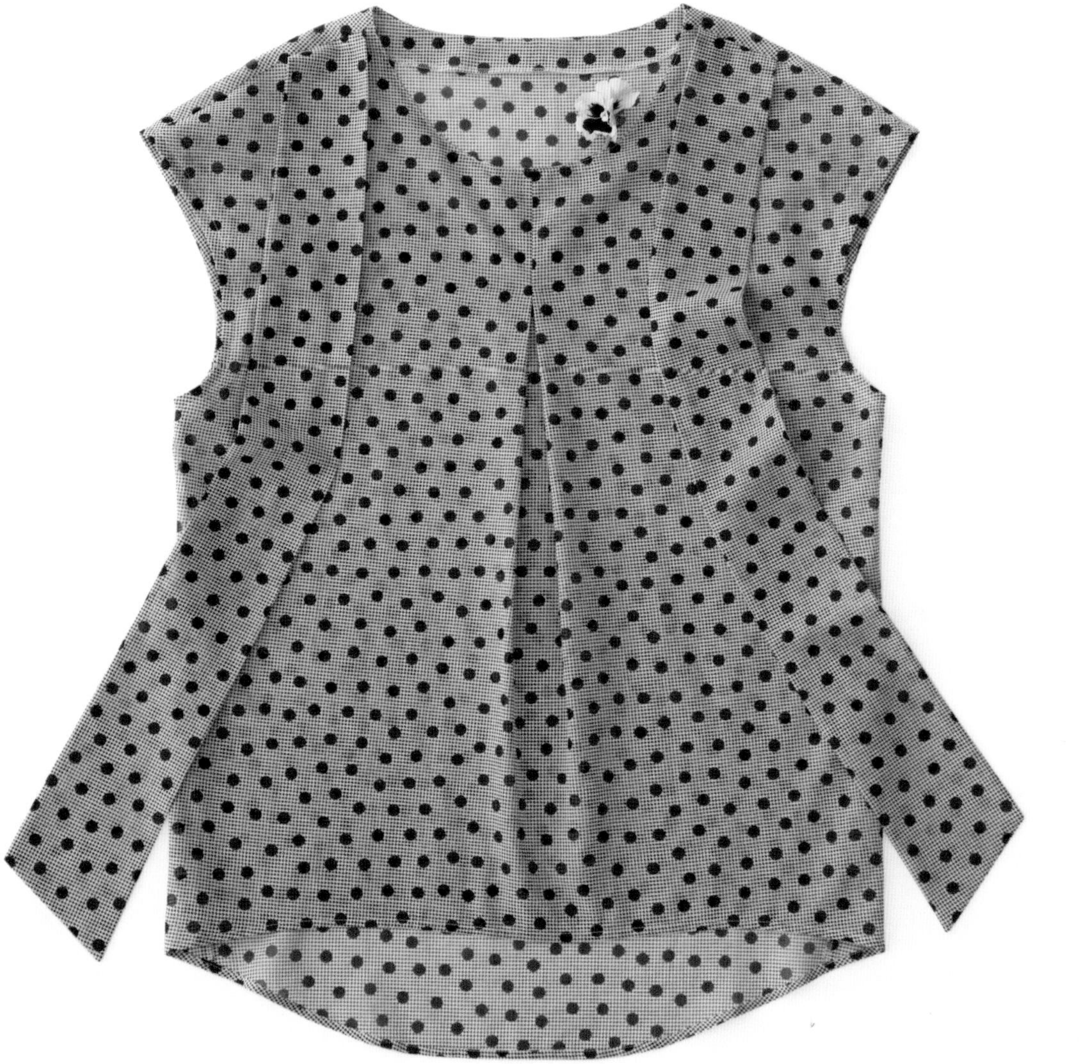

A2 p.8 Blouse

[出来上り寸法]

7号　　バスト116cm／着丈84cm
9号　　バスト121cm／着丈84cm
11号　　バスト125cm／着丈84cm
13号　　バスト129cm／着丈84.5cm
15号　　バスト134cm／着丈84.5cm

※バスト寸法は前中心のタックを広げた状態ではかっています。

[材料]

表布（海島綿）：7、9号は110cm幅1.9m
　　　　　　　　11～15号は110cm幅2.7m
接着芯：92cm幅30cm

[パターン]

A前　A後ろ　A2ボー　A前衿ぐり見返し
A後ろ衿ぐり見返し　A前袖ぐり見返し
A後ろ袖ぐり見返し

[準備]

◎前後衿ぐり見返しと袖ぐり見返しに接着芯をはる。

裁合せ図　（7、9号）

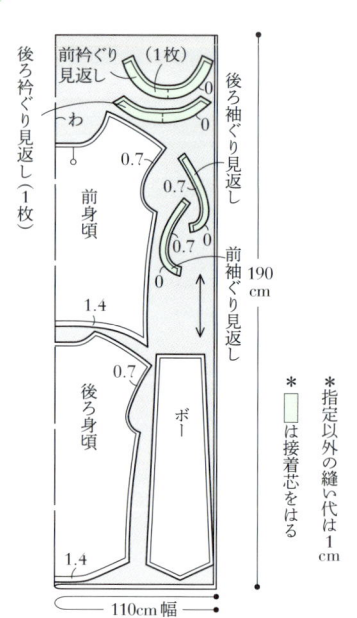

出来上り図

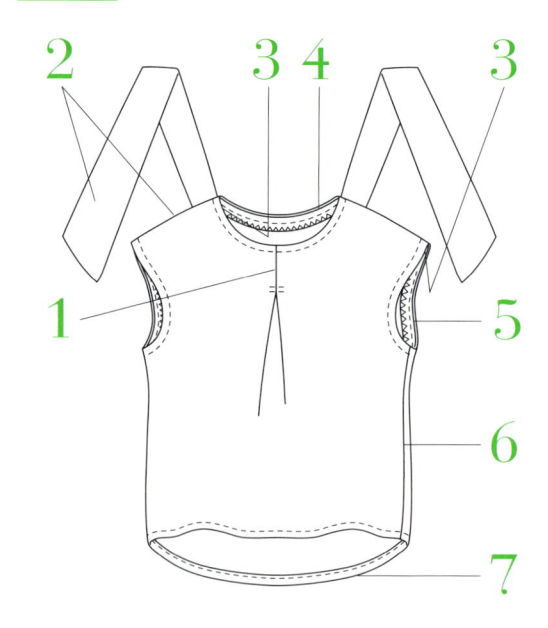

1 A1→p.6

2

ボーを作って身頃の肩にはさみ、縫う。

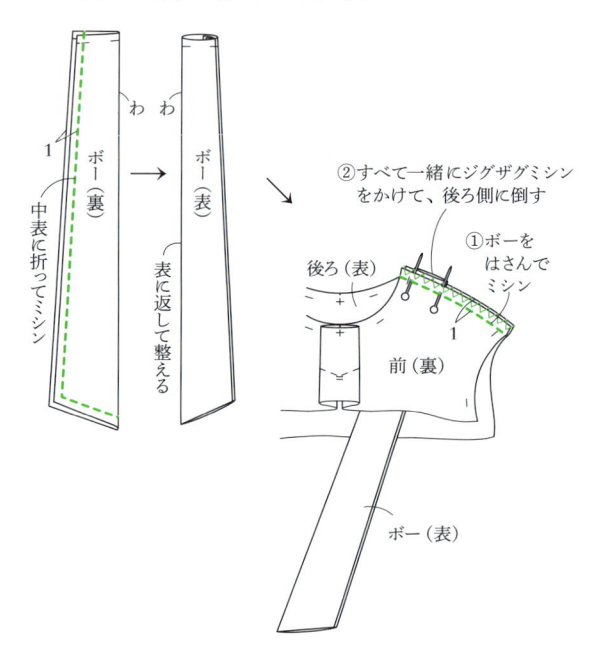

3 4 5 6 7 A1→p.7

ボーの角の縫返し方

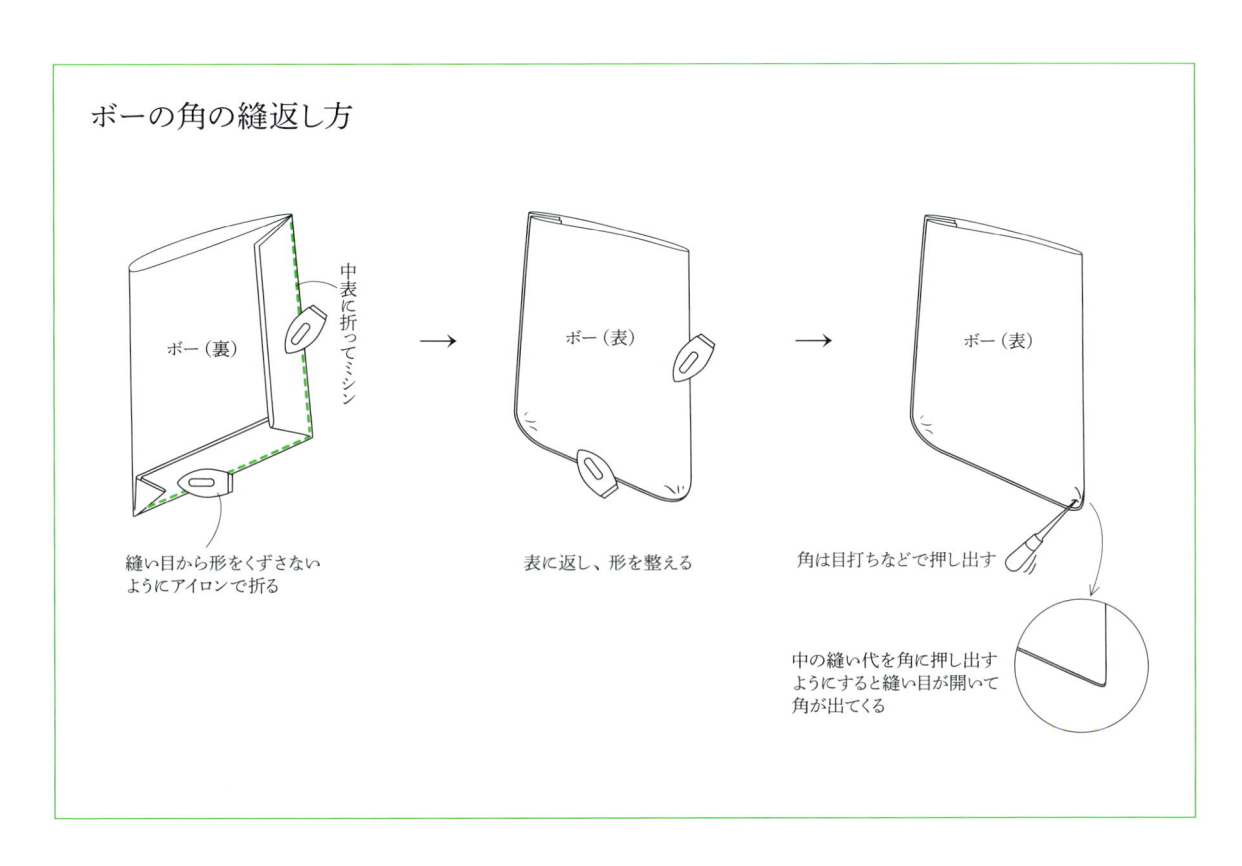

ボー（裏）

中表に折ってミシン

縫い目から形をくずさないようにアイロンで折る

ボー（表）

表に返し、形を整える

ボー（表）

角は目打ちなどで押し出す

中の縫い代を角に押し出すようにすると縫い目が開いて角が出てくる

三つ折りミシンのかけ方

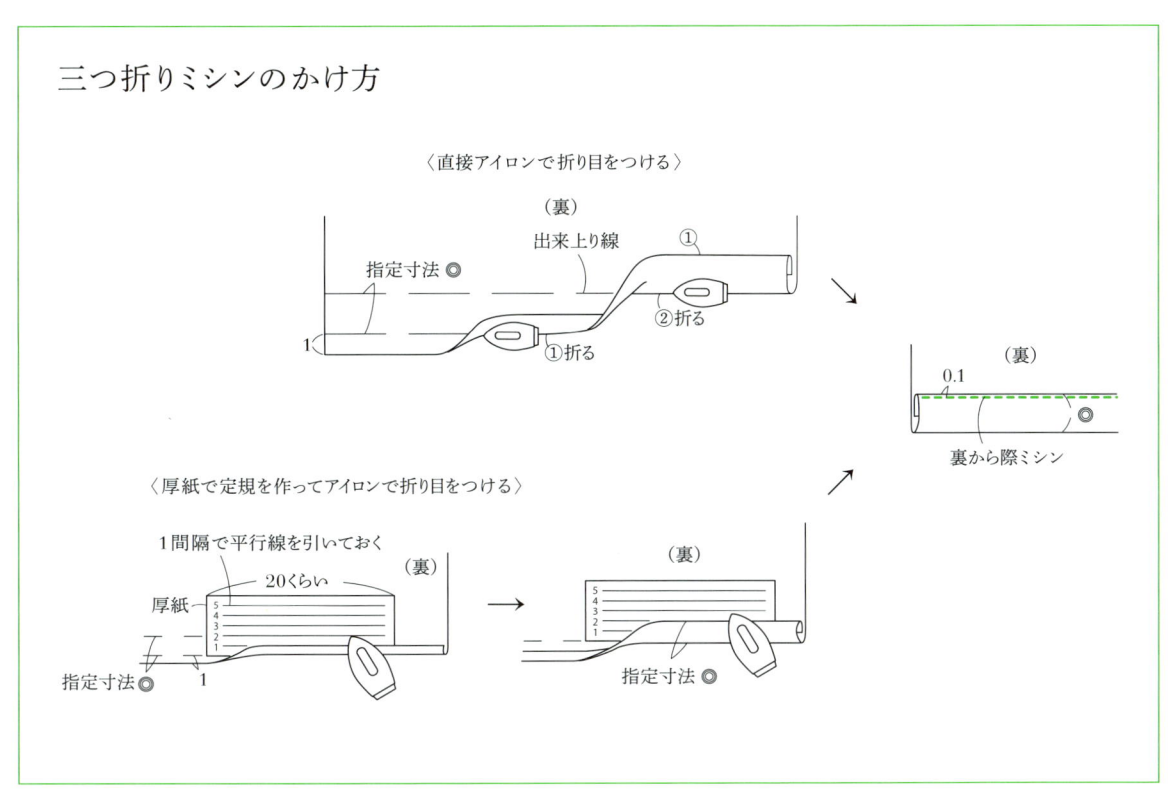

〈直接アイロンで折り目をつける〉

（裏）
出来上り線
指定寸法
①折る
②折る

（裏）
0.1
裏から際ミシン

〈厚紙で定規を作ってアイロンで折り目をつける〉

1間隔で平行線を引いておく
20くらい
厚紙
（裏）
指定寸法　1

（裏）
指定寸法

B バストより少し下がほっそり見えるヨークの切替え位置。
この位置より上になると横に広がって太って見えます。下になると縦長効果が半減してしまいます。

B1
少し厚めかな、と思う
重みのあるリネンで。
ヨークは共布で2重にしているので、
スカート部分が安定した仕上りです。
One-piece
→p.14

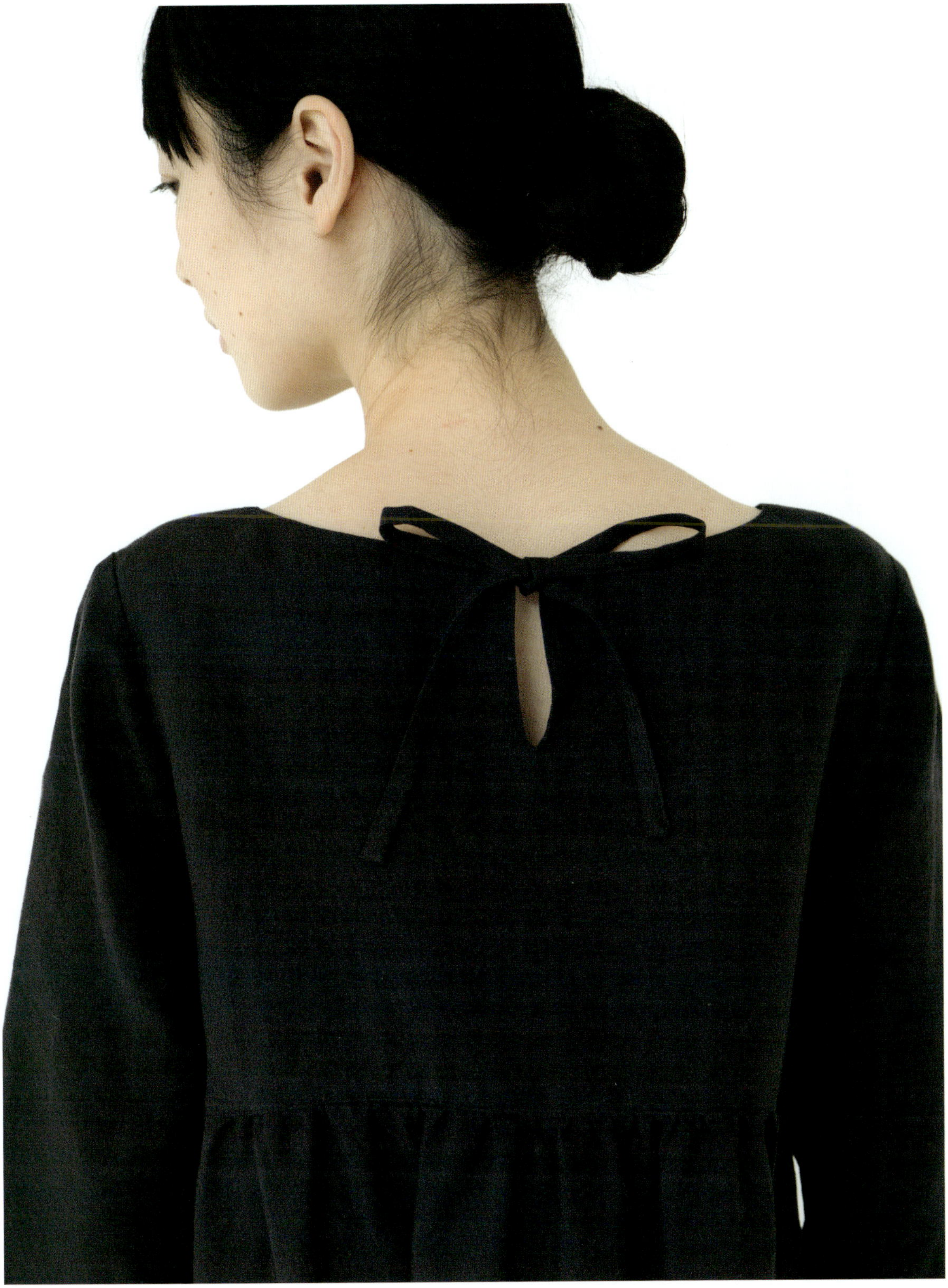

すっきり見える服 B

B1 p.12 One-piece

[出来上り寸法]

7号　バスト85.5cm／袖丈40cm／着丈116cm
9号　バスト90.5cm／袖丈40cm／着丈116cm
11号　バスト94cm／袖丈40.5cm／着丈116.5cm
13号　バスト98cm／袖丈41cm／着丈116.5cm
15号　バスト103.5cm／袖丈41cm／着丈117cm

[材料]

表布（リネン）：150cm幅2.9m
　　　　　　　（110cm幅の場合は3.4m）
接着芯：92cm幅20cm

[パターン]

B前　B後ろ　B前ヨーク　B後ろヨーク
B袖　B1ひも

[準備]

◎前後裏ヨークの衿ぐりに、図に示した寸法の接着芯をはる。

出来上り図

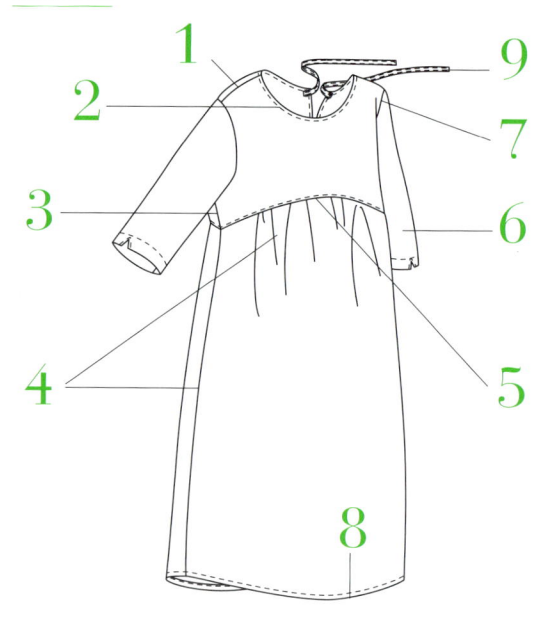

裁合せ図

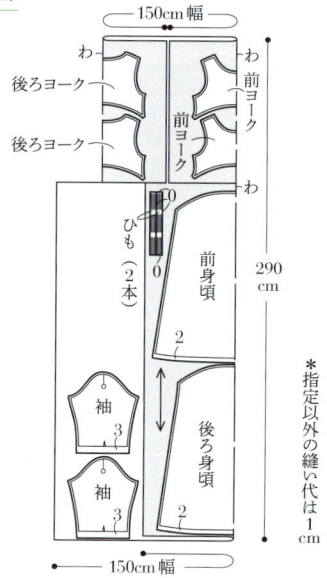

準備　裏前後ヨークの衿ぐりに接着芯をはる

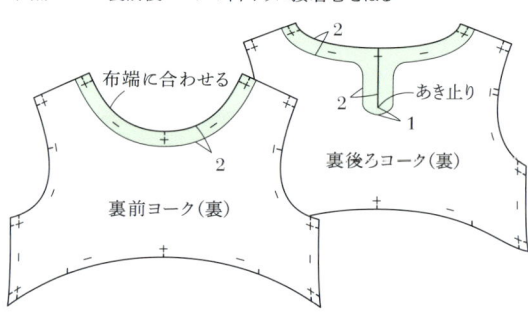

1

ヨークの肩を縫う。

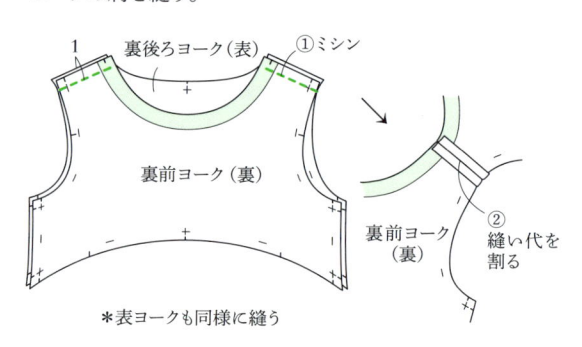

＊表ヨークも同様に縫う

2
表ヨークと裏ヨークを中表に合わせて衿ぐりを縫い、後ろ中心にスラッシュあきを作る。

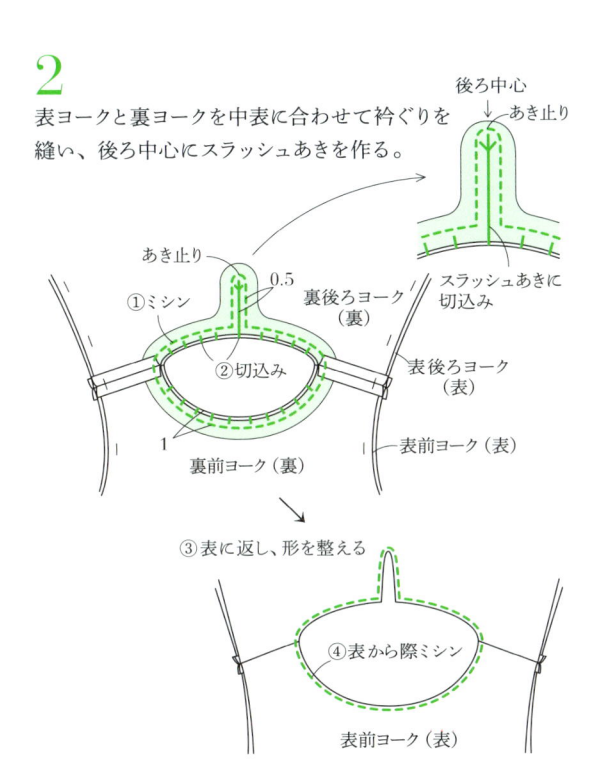

- 後ろ中心
- あき止り
- あき止り
- 0.5
- 裏後ろヨーク(裏)
- ①ミシン
- ②切込み
- 表後ろヨーク(表)
- スラッシュあきに切込み
- 裏前ヨーク(裏)
- 表前ヨーク(表)
- 1
- ③表に返し、形を整える
- ④表から際ミシン
- 表前ヨーク(表)

3
表、裏ヨークそれぞれの脇を縫い、袖ぐりと裾を仮どめしておく。

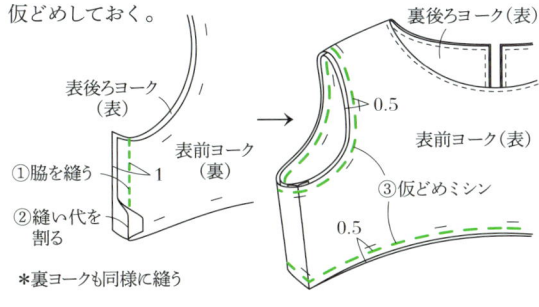

- 表後ろヨーク(表)
- 裏後ろヨーク(表)
- 表前ヨーク(裏)
- 表前ヨーク(表)
- ①脇を縫う
- 1
- 0.5
- ②縫い代を割る
- ③仮どめミシン
- 0.5
- *裏ヨークも同様に縫う

4
身頃を作る。

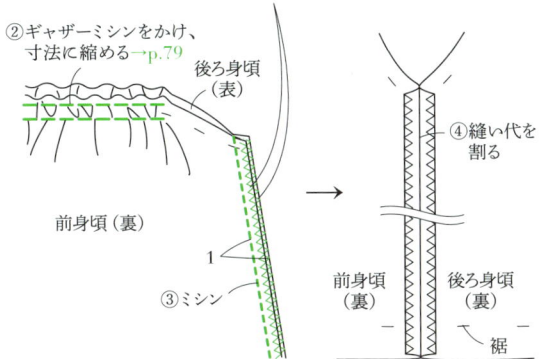

① 前後それぞれ、両脇にジグザグミシンをかける
② ギャザーミシンをかけ、寸法に縮める→p.79
- 後ろ身頃(表)
- 前身頃(裏)
- 1
- ③ミシン
- ④縫い代を割る
- 前身頃(裏)
- 後ろ身頃(裏)
- 裾

5
ヨークと身頃を縫い合わせる。

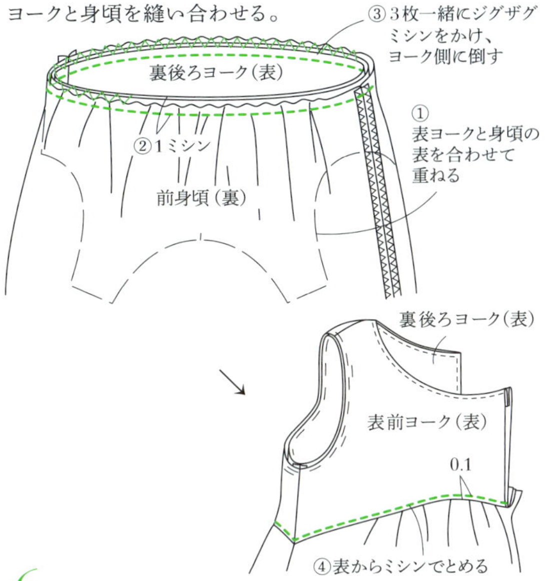

- ③3枚一緒にジグザグミシンをかけ、ヨーク側に倒す
- 裏後ろヨーク(表)
- ②1ミシン
- 前身頃(裏)
- ①表ヨークと身頃の表を合わせて重ねる
- 裏後ろヨーク(表)
- 表前ヨーク(表)
- 0.1
- ④表からミシンでとめる

6
袖を作る。

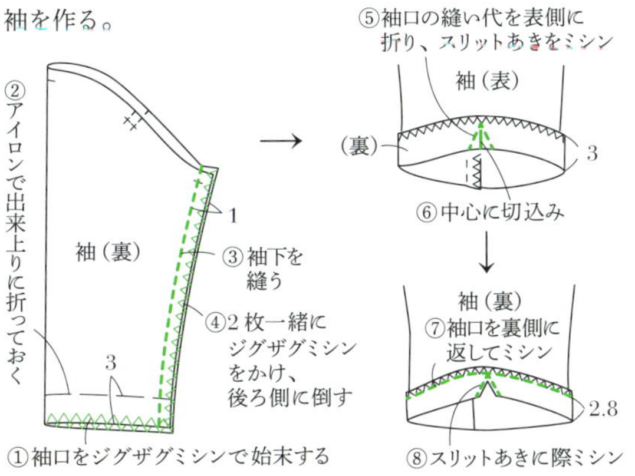

- ②アイロンで出来上りに折っておく
- 袖(裏)
- 1
- ③袖下を縫う
- ④2枚一緒にジグザグミシンをかけ、後ろ側に倒す
- 3
- ①袖口をジグザグミシンで始末する
- ⑤袖口の縫い代を表側に折り、スリットあきをミシン
- 袖(表)
- (裏)
- 3
- ⑥中心に切込み
- 袖(裏)
- ⑦袖口を裏側に返してミシン
- 2.8
- ⑧スリットあきに際ミシン

7
袖をつける。F1→p.51

8
裾の始末をする。B2→p.18

9
ひもを作り、後ろあきに縫いつける。

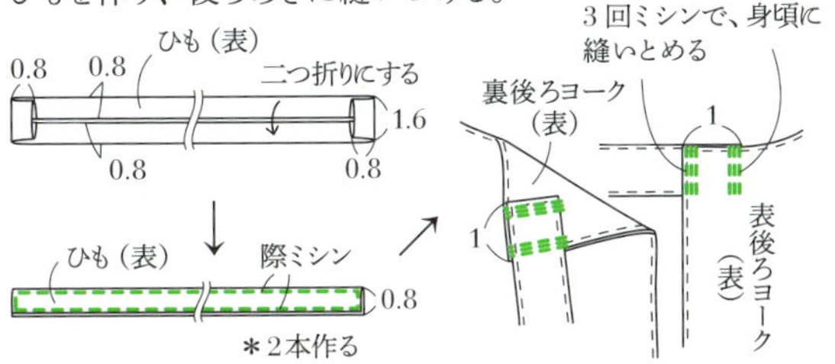

- ひも(表)
- 0.8 0.8
- 二つ折りにする
- 1.6
- 0.8 0.8
- ひも(表)
- 際ミシン
- 0.8
- *2本作る
- 3回ミシンで、身頃に縫いとめる
- 裏後ろヨーク(表)
- 1
- 表後ろヨーク(表)

B2

スカートともパンツともバランスのいい、
短め丈のブラウスです。
単色づかいのリバティプリントから
シックな色を選んで。

Blouse
→ p.18

B3

レイアードスタイルに便利なノースリーブのチュニックです。鮮やかな色が印象的なシルクリネンのヘリングボーン。

Tunic
→p.19

B2 p.16 Blouse

[出来上り寸法]

7号　　バスト85.5cm／袖丈40cm／着丈59.5cm
9号　　バスト90.5cm／袖丈40cm／着丈59.5cm
11号　　バスト94cm／袖丈40.5cm／着丈60cm
13号　　バスト98cm／袖丈41cm／着丈60cm
15号　　バスト103.5cm／袖丈41cm／着丈60.5cm

[材料]

表布(リバティプリント)：112cm幅2.1m
接着芯：92cm幅20cm
ボタン：直径1.3cm 1個
市販のループ：1cm 1個

[パターン]

B前　B後ろ　B前ヨーク　B後ろヨーク　B袖

[準備]

◎前後裏ヨークの衿ぐりに接着芯をはる。→p.14

裁合せ図

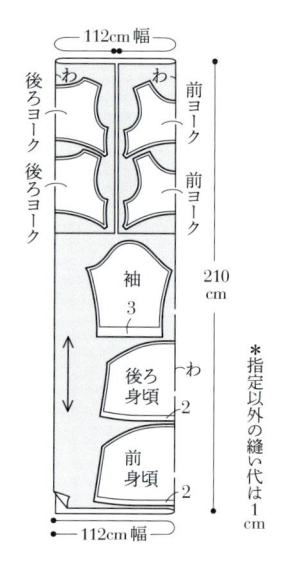

出来上り図

1 2 3 4 5　B1→p.14、15

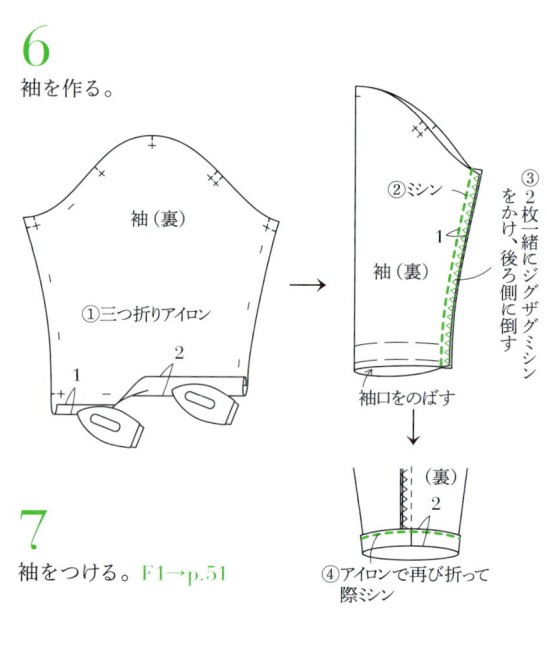

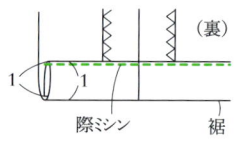

6 袖を作る。

7 袖をつける。F1→p.51

8 裾の始末をする。

9 後ろあきにループとボタンをつける。→p.78、79

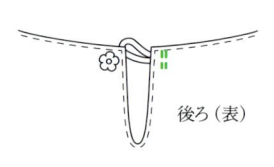

＊指定以外の縫い代は1cm

B3 p.17 Tunic

[出来上り寸法]

7号　バスト85.5cm／着丈76.5cm
9号　バスト90.5cm／着丈76.5cm
11号　バスト94cm／着丈77cm
13号　バスト98cm／着丈77cm
15号　バスト103.5cm／着丈77.5cm

[材料]

表布（シルクリネン）：90cm幅2.8m
　　　　　　　　　（150cm幅の場合は1.5m）
接着芯：92cm幅20cm
市販のバイアステープ（両折りタイプ）：1cm幅 適量
ボタン：直径1.3cm 1個
市販のループ：1cm 1個

[パターン]

B前　B後ろ　B前ヨーク　B後ろヨーク

[準備]

◎前後裏ヨークの衿ぐりに接着芯をはる。→p.14

裁合せ図

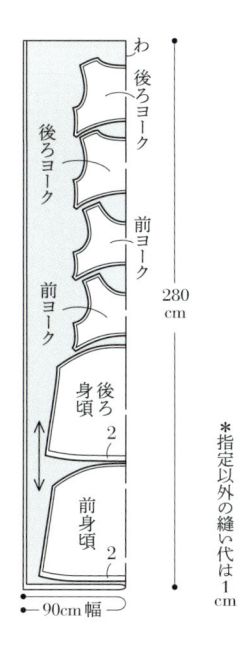

出来上り図

6、7の工程はなし

1 2 B1→p.14、15

3 袖ぐりをバイアステープで始末する。

①表、裏ヨークそれぞれの脇を縫い、袖ぐりと裾を仮どめしておく。→B1 p.15

②表ヨーク側にバイアステープを中表に合わせてミシン

③縫い代を0.5にカット

④バイアステープを裏ヨーク側に返し、際ミシン

4 5 B1→p.15　　**8 9** B2→p.18

C 絞込み位置を高めに。さらにフレア布をはさみ込んで効果UP。
C2、C3のフレア布は、丈を長くするほどフレア分量が増えてほっそり効果が大です。

C1

水彩画のようなボタニカルプリントのリネン。素材の美しさを生かす、シンプルですっきりしたデザインのブラウス。

Blouse
→ p.22

すっきり見える服 C

C1 p.20 Blouse

[出来上り寸法]

7号　　バスト92cm／着丈66cm
9号　　バスト97cm／着丈66.5cm
11号　バスト101cm／着丈66.5cm
13号　バスト105cm／着丈67cm
15号　バスト110cm／着丈67cm

[材料]

表布（リネン）：145cm幅1.5m
　　　　　　　（110cm幅の場合は1.7m）
接着芯：92cm幅20cm
ボタン：直径1.3cm 1個
市販のループ：1cm 1個

[パターン]

C前　C後ろ　C前見返し　C後ろ見返し

[準備]

◎前後見返しに接着芯をはる。

裁合せ図

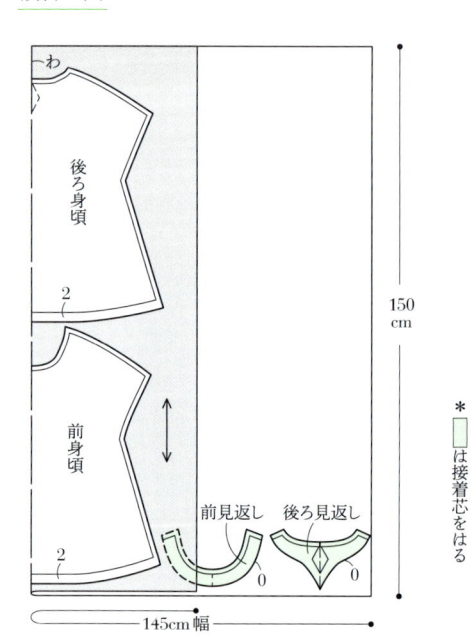

出来上り図

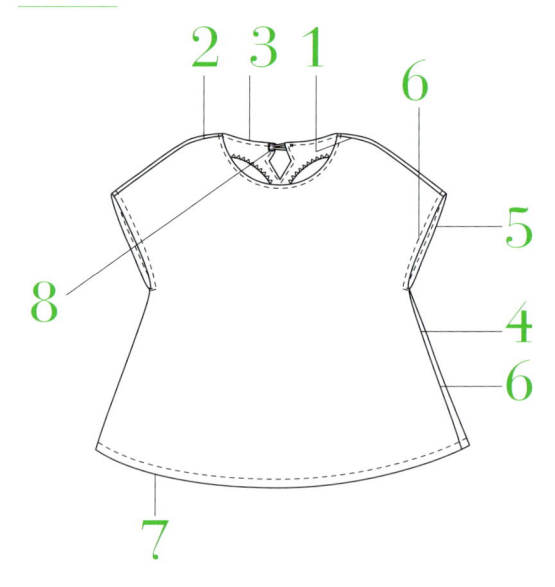

1　見返しの肩を縫う。
　①ミシン
　②縫い代を割る
　③回りをジグザグミシンで始末する
　前見返し（裏）／後ろ見返し（裏）／前見返し（表）／後ろ見返し（裏）

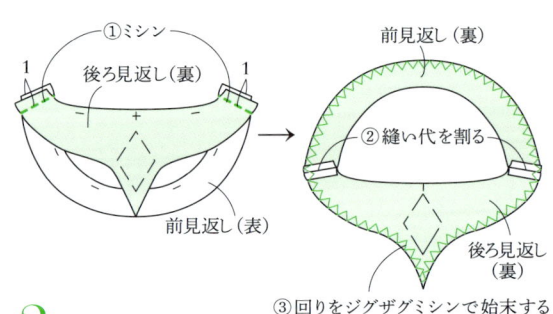

2　身頃の肩を縫う。
　①ミシン
　②2枚一緒にジグザグミシンをかけ、後ろ側に倒す
　前（裏）／後ろ（裏）

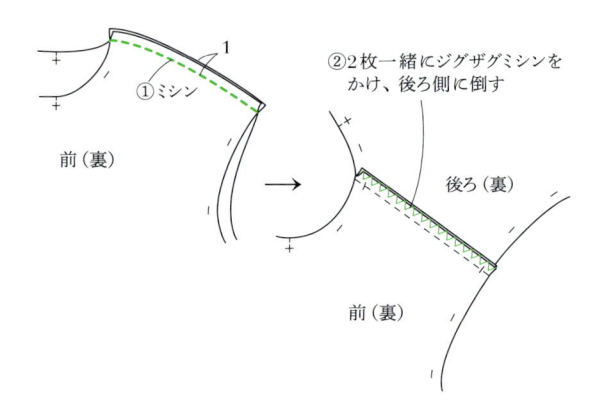

3
見返しで衿ぐりを始末する。

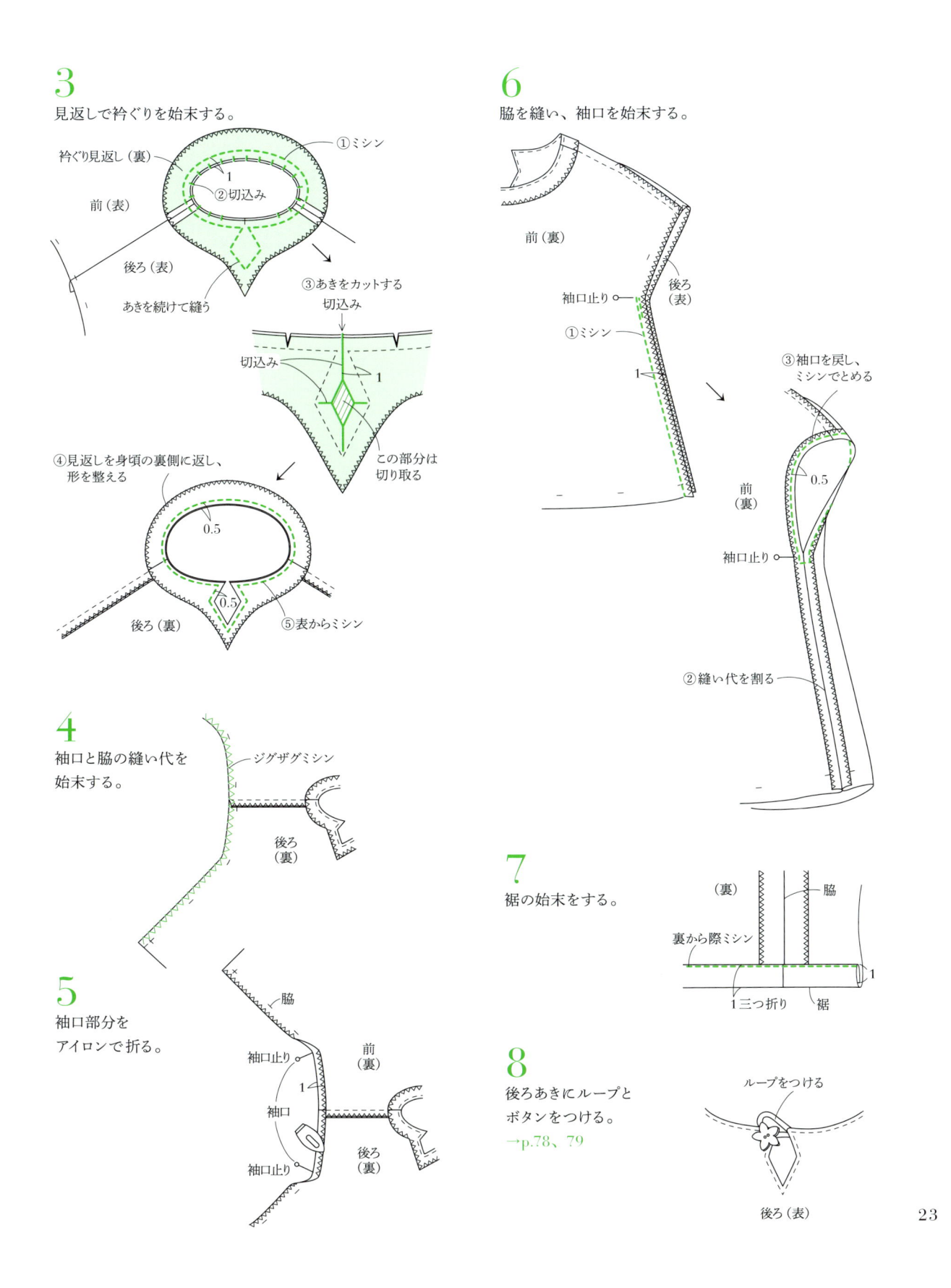

- 衿ぐり見返し（裏）
- ①ミシン
- ②切込み
- 前（表）
- 後ろ（表）
- あきを続けて縫う
- ③あきをカットする
- 切込み
- 切込み
- この部分は切り取る
- ④見返しを身頃の裏側に返し、形を整える
- 後ろ（裏）
- ⑤表からミシン

4
袖口と脇の縫い代を始末する。

- ジグザグミシン
- 後ろ（裏）

5
袖口部分をアイロンで折る。

- 脇
- 袖口止り
- 前（裏）
- 袖口
- 後ろ（裏）
- 袖口止り

6
脇を縫い、袖口を始末する。

- 前（裏）
- 後ろ（表）
- 袖口止り
- ①ミシン
- ③袖口を戻し、ミシンでとめる
- 前（裏）
- 袖口止り
- ②縫い代を割る

7
裾の始末をする。

- （裏）
- 脇
- 裏から際ミシン
- 1三つ折り
- 裾

8
後ろあきにループとボタンをつける。
→p.78、79

- ループをつける
- 後ろ（表）

C2

白いリネンのチュニックは、
フレア布の裾に
涼感のあるレースを飾りました。
それだけでインパクトのあるアクセントに。
Tunic
→p.26

C3

脇にフレア布をはさみ込みました。
あえて目立つ色で色遊びを楽しみます。
柔らかなアンゴラ入りのウール、
秋冬素材から。
Blouse
→p.27

C2 p.24 Tunic

[出来上り寸法]

7号　バスト92cm／着丈81.5cm
9号　バスト97cm／着丈81.5cm
11号　バスト101cm／着丈82cm
13号　バスト105cm／着丈82cm
15号　バスト110cm／着丈82cm

[材料]

表布（リネン）：160cm幅1.9m
　　　　　　　（110cm幅の場合は2.5m）
レース：5cm幅1m
接着芯：92cm幅20cm
ボタン：直径1.3cm 1個
市販のループ：1cm 1個

[パターン]

C前　C後ろ　C2フレア布　C前見返し
C後ろ見返し

[準備]

◎前後見返しに接着芯をはる。

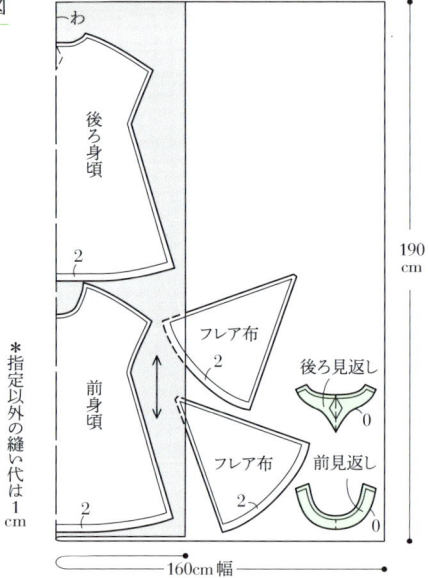

出来上り図

1 2 3 4 5 C1→p.22、23

6
脇にフレア布をつけ、袖口を始末する。

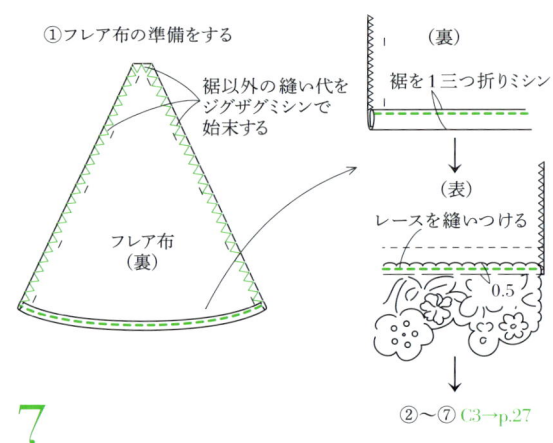

①フレア布の準備をする

裾以外の縫い代をジグザグミシンで始末する

裾を1三つ折りミシン

レースを縫いつける

0.5

②〜⑦ C3→p.27

7
裾の始末をする。

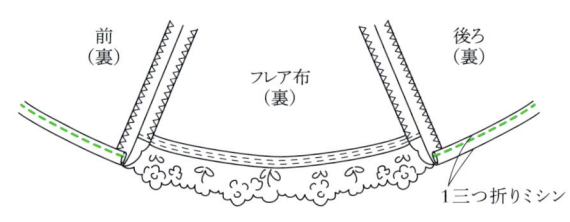

1三つ折りミシン

8 C1→p.23

裁合せ図

190cm

160cm幅

指定以外の縫い代は1cm

□は接着芯をはる

C3 p.25 Blouse

[出来上り寸法]

7号　　バスト92cm／着丈66cm
9号　　バスト97cm／着丈66.5cm
11号　　バスト102cm／着丈66.5cm
13号　　バスト105cm／着丈67cm
15号　　バスト110cm／着丈67cm

[材料]

表布（ウール）：90cm幅1.7m
　　　　　　　　（150cm幅の場合は1.5m）
別布（ウール）：90cm幅50cm
　　　　　　　　（150cm幅の場合は50cm）
接着芯：92cm幅20cm
ボタン：直径1.3cm 1個
市販のループ：1cm 1個

[パターン]

C前　C後ろ　C3フレア布　C前見返し
C後ろ見返し

[準備]

◎前後見返しに接着芯をはる。

裁合せ図

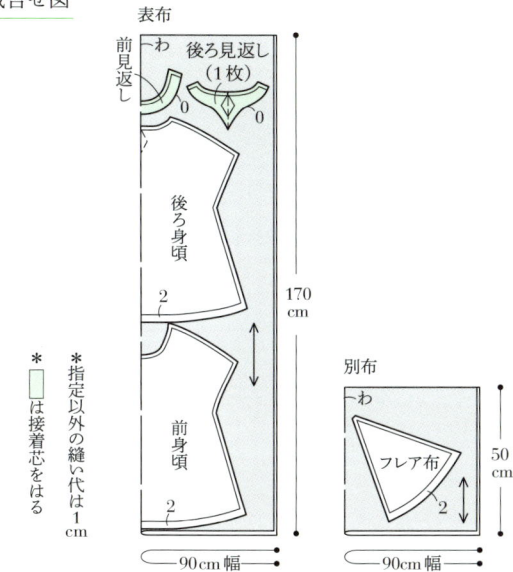

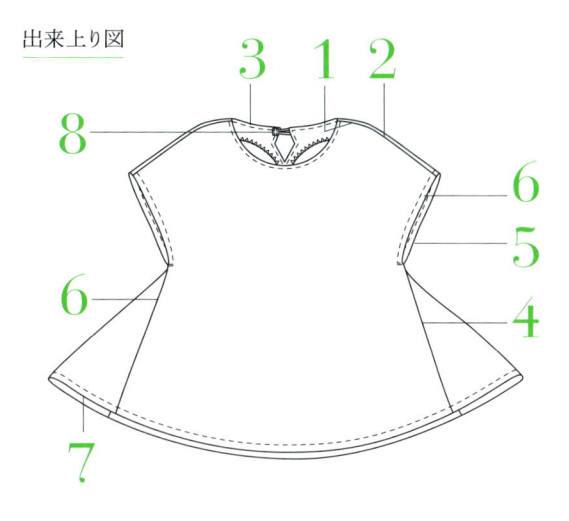

出来上り図

1 2 3 4 5 C1→p.22、23

6

脇にフレア布をつけ、袖口を始末する。

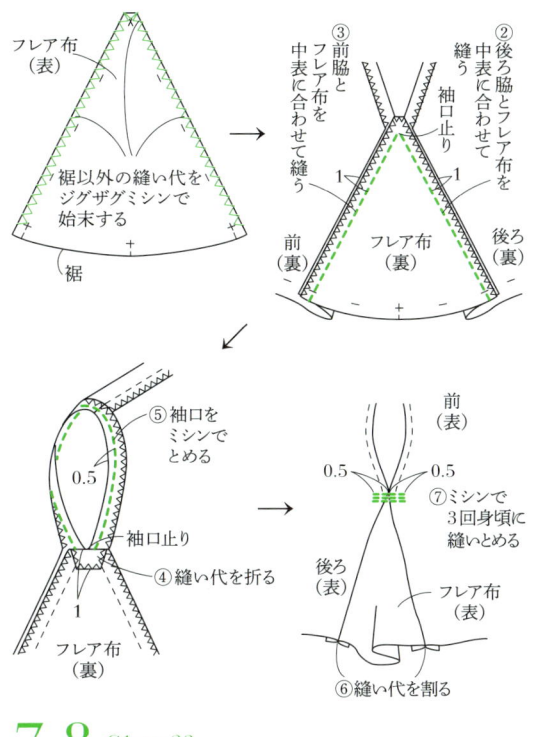

①フレア布の準備をする
裾以外の縫い代をジグザグミシンで始末する
②後ろ脇とフレア布を中表に合わせて縫う
③前脇とフレア布を中表に合わせて縫う
④縫い代を折る
⑤袖口をミシンでとめる
⑥縫い代を割る
⑦ミシンで3回身頃に縫いとめる

7 8 C1→p.23

D 大きな衿ぐりのゆったりボレロは、下のトップが透ける布を選んで。
ゆったりボレロからノースリーブの腕が透けて、華奢な感じに見えます。

D1

身頃を重ねているように見えるのは、
衿ぐりの始末を兼ねて
下のブラウスに重ねて縫い返したボレロ。
脇で縫いはさんでいます。

Blouse
→p.30

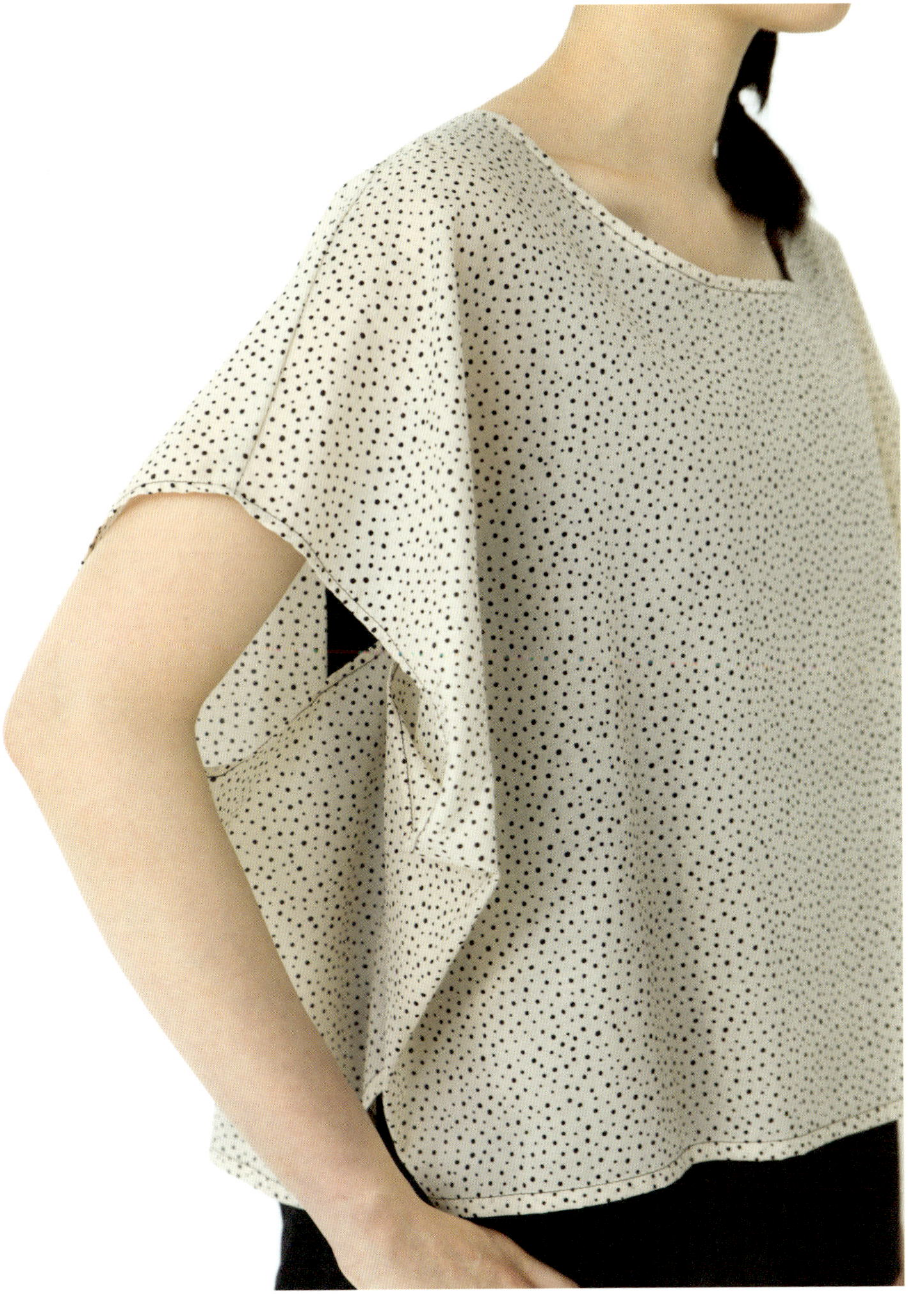

すっきり見える服 D

D1 p.28 Blouse

[出来上り寸法]

7号　　バスト87cm／着丈60.5cm
9号　　バスト92cm／着丈61cm
11号　　バスト96cm／着丈61cm
13号　　バスト100cm／着丈61cm
15号　　バスト105cm／着丈61.5cm

[材料]

表布（コットン無地）：110cm幅1.4m
別布（コットンプリント）：110cm幅1.2m

[パターン]

D前　D後ろ　D前ボレロ　D後ろボレロ

出来上り図

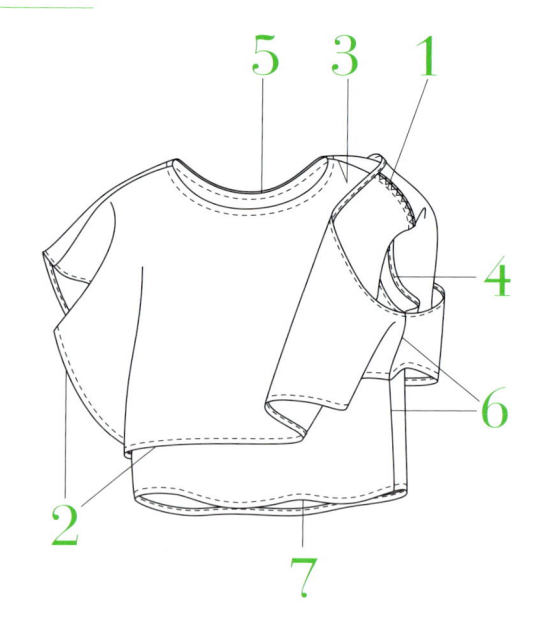

裁合せ図

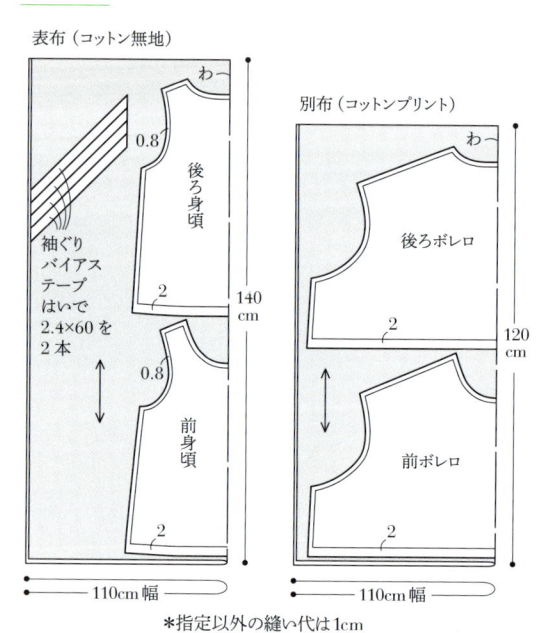

*指定以外の縫い代は1cm

1

ボレロの肩を縫う。

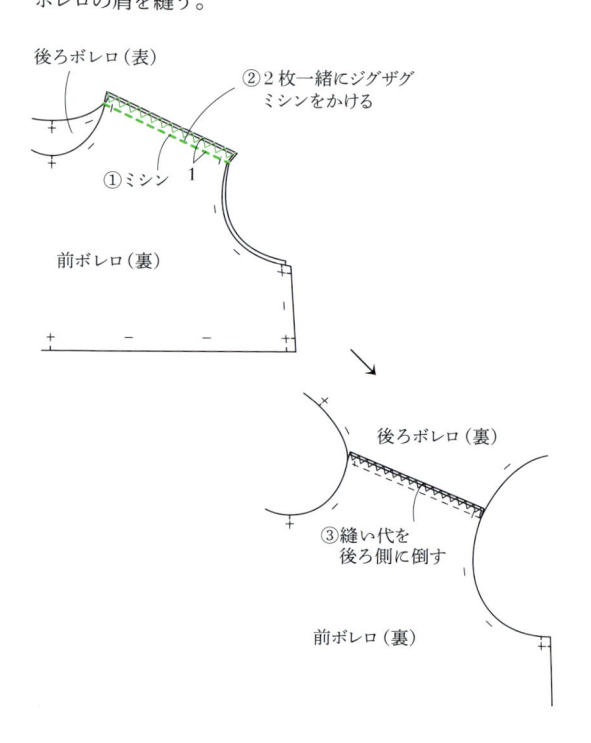

後ろボレロ（表）
②2枚一緒にジグザグミシンをかける
①ミシン
前ボレロ（裏）

後ろボレロ（裏）
③縫い代を後ろ側に倒す
前ボレロ（裏）

2
ボレロの袖口と裾を始末する。

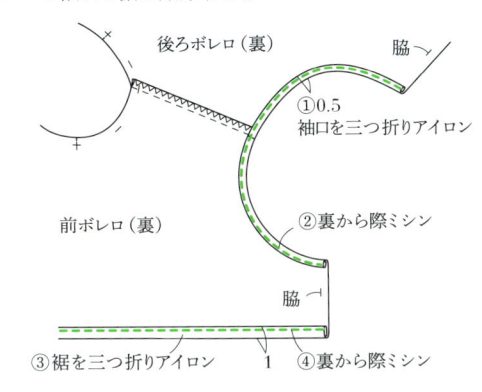

- 後ろボレロ（裏）
- 脇
- ①0.5 袖口を三つ折りアイロン
- 前ボレロ（裏）
- ②裏から際ミシン
- 脇
- ③裾を三つ折りアイロン
- ④裏から際ミシン

3
身頃の肩を縫う。

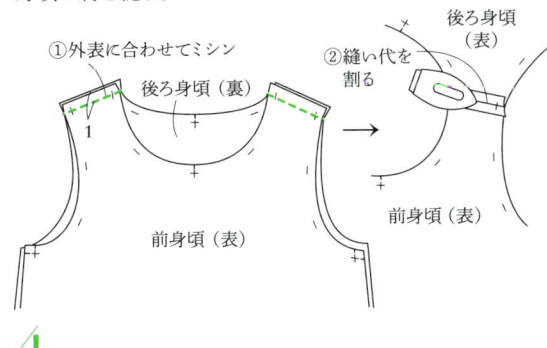

- ①外表に合わせてミシン
- 後ろ身頃（裏）
- 後ろ身頃（表）
- ②縫い代を割る
- 前身頃（表）

4
バイアステープを作る。→p.76
身頃の袖ぐりをバイアステープで始末する。

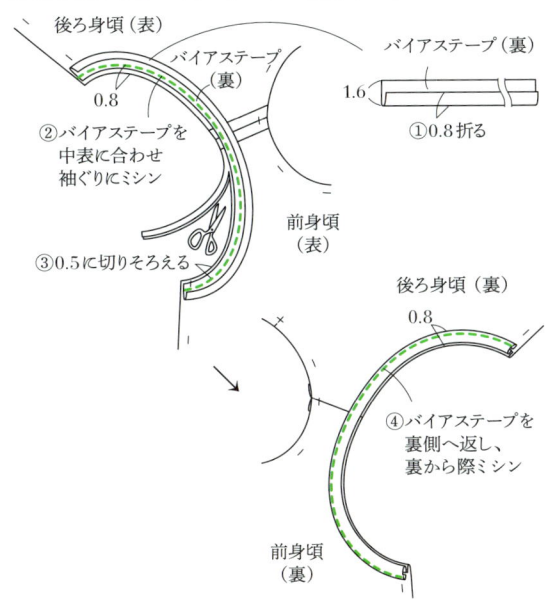

- 後ろ身頃（表）
- バイアステープ（裏）
- 0.8
- バイアステープ（裏）
- 1.6
- ①0.8折る
- ②バイアステープを中表に合わせ袖ぐりにミシン
- 前身頃（表）
- ③0.5に切りそろえる
- 後ろ身頃（裏）
- 0.8
- ④バイアステープを裏側へ返し、裏から際ミシン
- 前身頃（裏）

5
ボレロと身頃の衿ぐりを縫い合わせる。

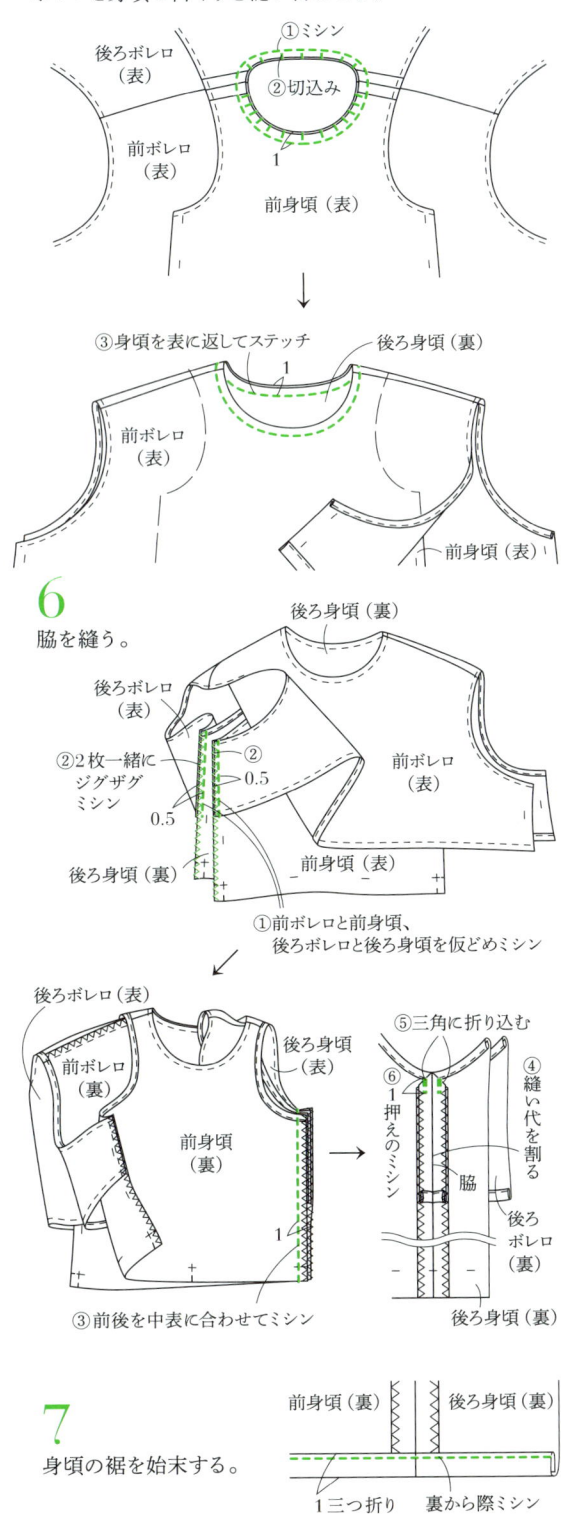

- 後ろボレロ（表）
- ①ミシン
- ②切込み
- 前ボレロ（表）
- 前身頃（表）
- ③身頃を表に返してステッチ
- 後ろ身頃（裏）
- 前ボレロ（表）
- 前身頃（表）

6
脇を縫う。

- 後ろボレロ（表）
- ②2枚一緒にジグザグミシン
- ② 0.5
- 0.5
- 前ボレロ（表）
- 後ろボレロ（裏）
- 後ろ身頃（裏）
- ①前ボレロと前身頃、後ろボレロと後ろ身頃を仮どめミシン
- 後ろボレロ（表）
- 前ボレロ（裏）
- 後ろボレロ（表）
- 前身頃（裏）
- ⑤三角に折り込む
- ⑥1 押えのミシン
- ④縫い代を割る
- 脇
- 後ろボレロ（裏）
- 1
- ③前後を中表に合わせてミシン
- 後ろ身頃（裏）

7
身頃の裾を始末する。

- 前身頃（裏）
- 後ろ身頃（裏）
- 1三つ折り　裏から際ミシン

D2

ボレロの裾は、
レース地のスカラップ部分を
利用しました。
リネンのデニムと
レースの組合せが新鮮です。
One-piece
→p.34

D2 p.32 One-piece

[出来上り寸法]

7号　　バスト87cm／着丈116cm
9号　　バスト92cm／着丈116cm
11号　バスト96cm／着丈116cm
13号　バスト100cm／着丈116.5cm
15号　バスト105cm／着丈116.5cm

[材料]

表布（リネンデニム）：150cm幅1.3m
　　　　　　　　　（110cm幅の場合は2.4m）
別布（スカラップレース）：110cm幅2.2m
　　　　　　　　　（150cm幅の場合は2.2m）

[パターン]

D前　D後ろ　D前ボレロ　D後ろボレロ

出来上り図

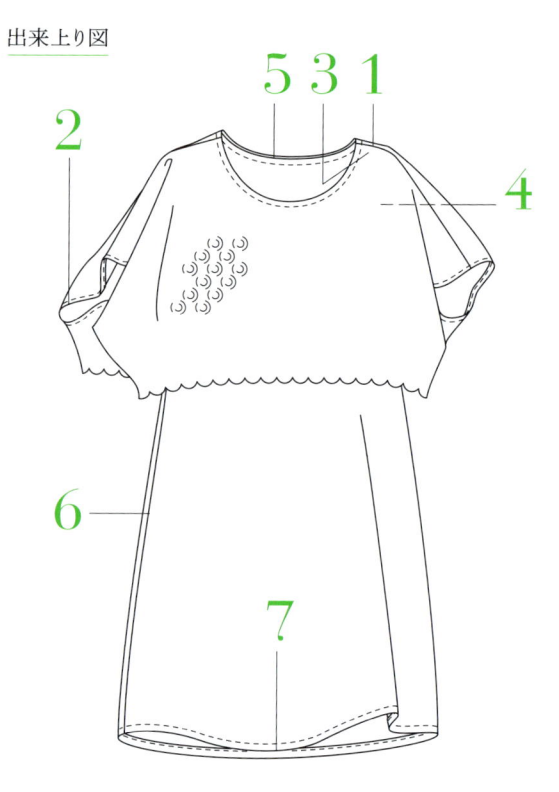

裁合せ図

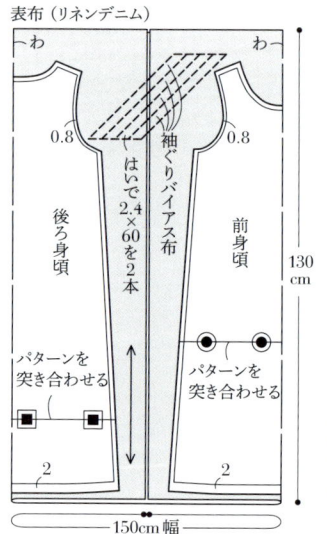

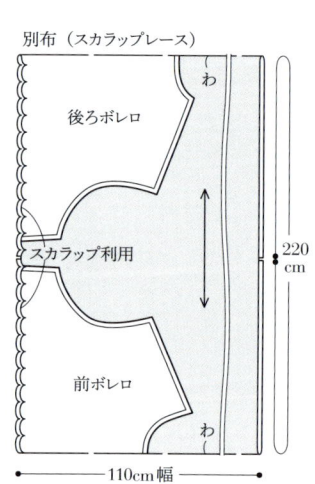

表布（リネンデニム）
後ろ身頃
前身頃
袖ぐりバイアス布
はいで2.4×60を2本
パターンを突き合わせる
150cm幅
130cm

別布（スカラップレース）
後ろボレロ
前ボレロ
スカラップ利用
110cm幅
220cm

*指定以外の縫い代は1cm

1 D1→p.30

2 ボレロの袖口を始末する。

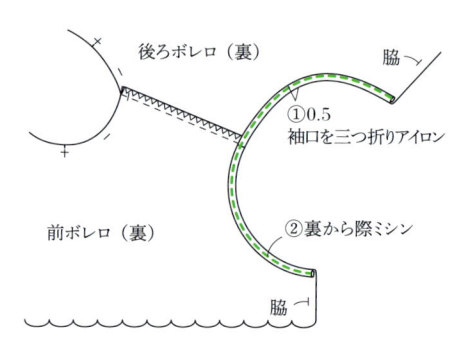

後ろボレロ（裏）　脇
前ボレロ（裏）
①0.5 袖口を三つ折りアイロン
②裏から際ミシン
脇

3 4 5 6 7 D1→p.31

パターンの補正

実物大パターンはバストサイズの増減とともに、衿ぐりや袖ぐりの寸法も増減されています。
衿ぐりや袖ぐりを変えずにバスト寸法だけを増減する方法をご紹介します。
バスト寸法だけを調整したいときにおすすめです。
全体で最大4cmの増減です。これ以上増減すると、肩幅や全体のバランスが悪くなってしまいます。
ここでは前身頃で説明していますが、後ろ身頃も同様に同寸法操作してください。

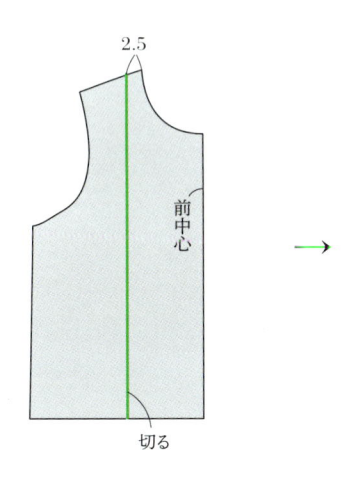

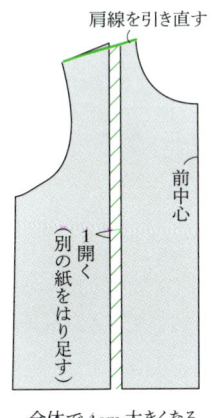

〈ドロップトショルダーのパターンの場合〉

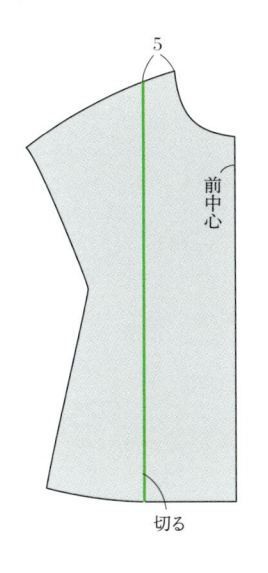

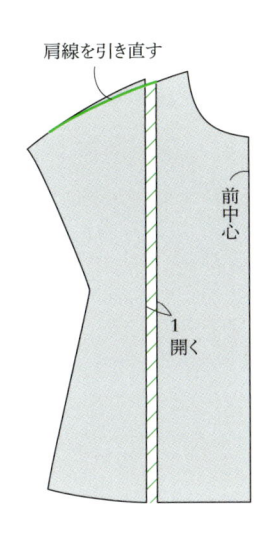

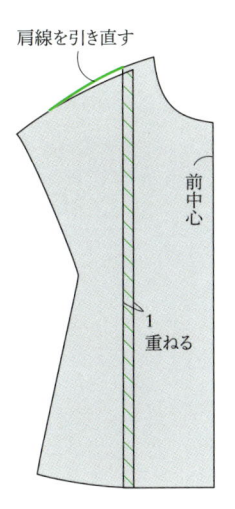

E 衿ぐりのギャザー分量にこだわった、ベストなゆとりのシルエット。

衿もとをきりっとさせることで、縦長効果大に。E2の袖下を縫っていない袖口布は二の腕をさり気なくカバーしてくれます。

E1

少しだけギャザーを寄せたスタンドカラーのブラウス。大きくあいた衿もとが苦手なかたにおすすめします。

Blouse
→p.38

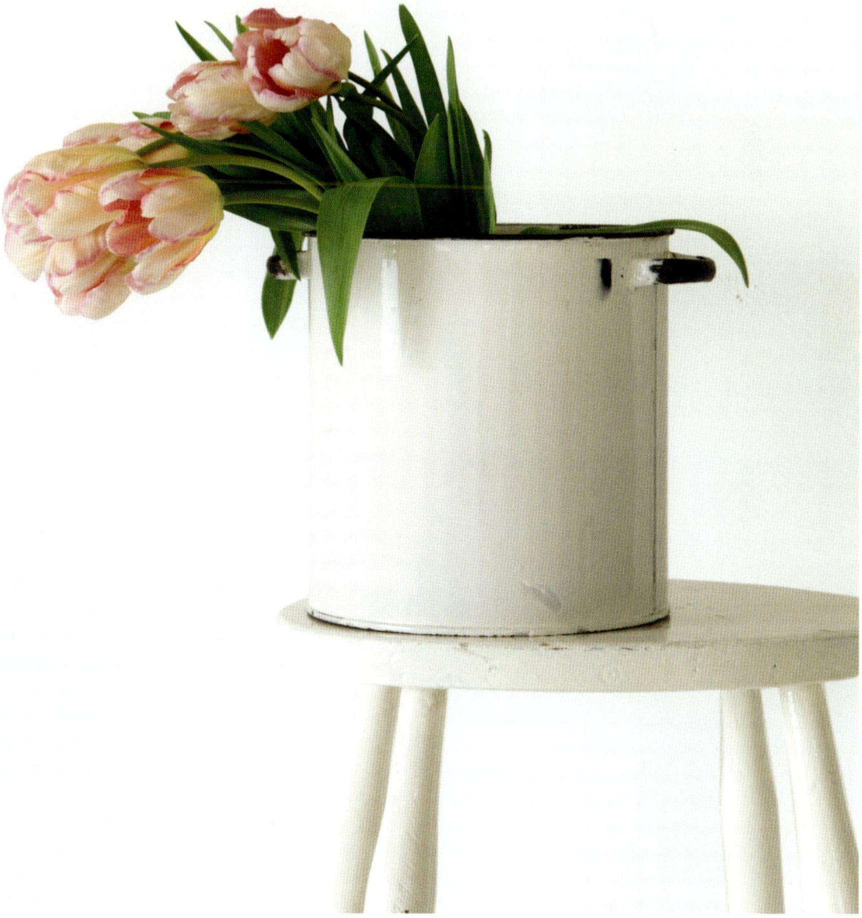

すっきり見える服 E

E1 p.36 Blouse

［出来上り寸法］

7号　　バスト97.5cm／着丈72cm
9号　　バスト102.5cm／着丈72.5cm
11号　　バスト106.5cm／着丈72.5cm
13号　　バスト110.5cm／着丈73cm
15号　　バスト115.5cm／着丈73cm

［材料］

表布（リネン）：148cm幅1.2m
　　　　　　　（110cm幅の場合は2.1m）
接着芯：92cm幅20cm

［パターン］

E前　E後ろ　E1衿　E見返し　Eひも
◎衿あきが小さめのデザインです。パターン上で頭が入るか、サイズを確認してください。きついようでしたら、スラッシュあきを長くして調整しましょう。

［準備］

◎裏衿に接着芯をはる。
◎見返しに接着芯をはり、周囲にジグザグミシンをかける。

出来上り図

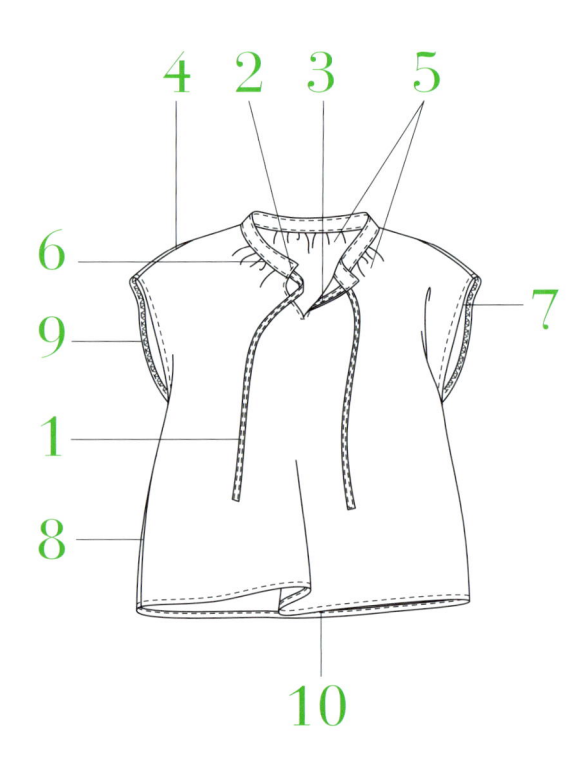

裁合せ図

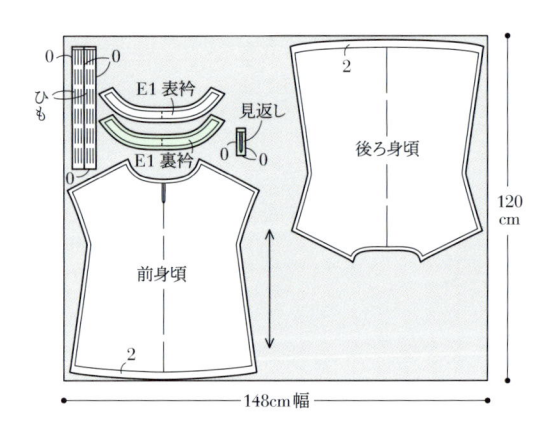

*指定以外の縫い代は1cm　* ▭ は接着芯をはる

1
ひもを作る。

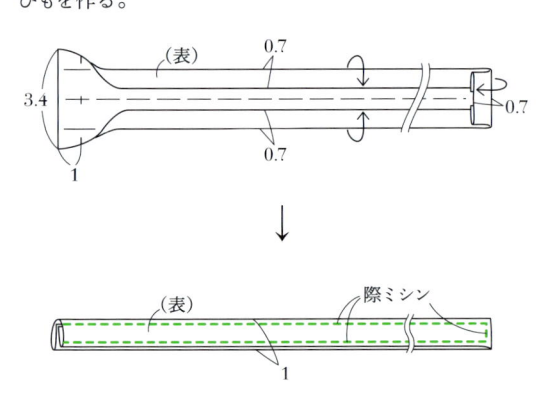

*2本作る

2
ひもをはさんで衿を作る。

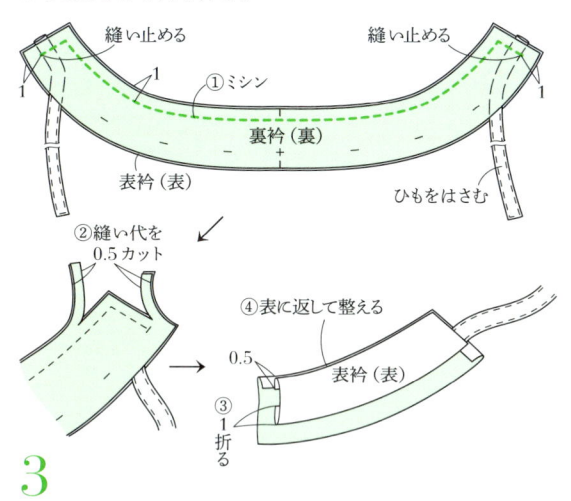

- 縫い止める
- ①ミシン
- 裏衿(裏)
- 表衿(表)
- ひもをはさむ
- ②縫い代を0.5カット
- ③1折る
- ④表に返して整える
- 表衿(表)

3
前中心にスラッシュあきを作る。

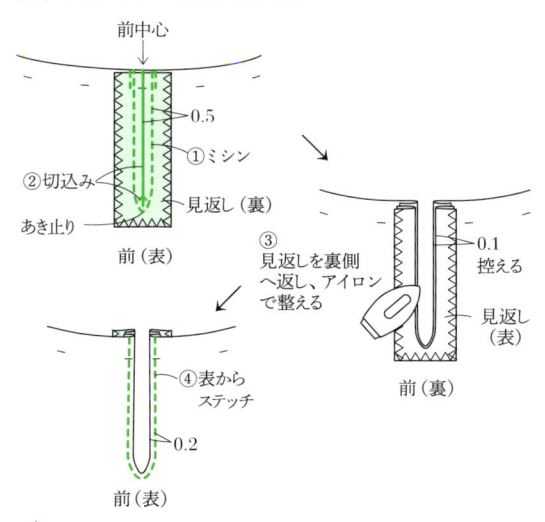

- 前中心
- ①ミシン
- ②切込み
- 見返し(裏)
- あき止り
- 前(表)
- ③見返しを裏側へ返し、アイロンで整える
- 0.1控える
- 見返し(表)
- 前(裏)
- ④表からステッチ
- 0.2
- 前(表)

4
身頃の肩を縫う。

- ②2枚一緒にジグザグミシンをかける
- 後ろ(表)
- ①ミシン
- 前(裏)
- 後ろ(裏)
- ③縫い代を後ろ側に倒す
- 前(裏)

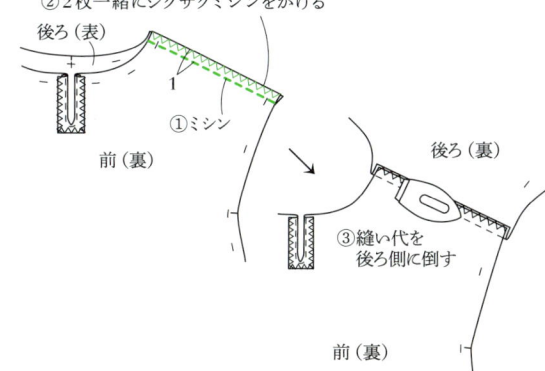

5
前後の衿ぐりにギャザーを寄せる。→p.79

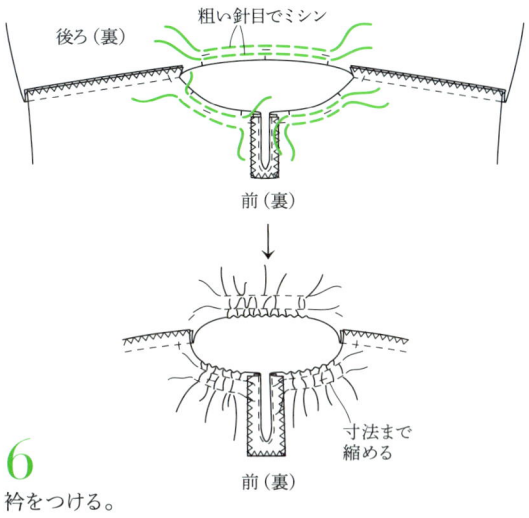

- 後ろ(裏)
- 粗い針目でミシン
- 前(裏)
- 寸法まで縮める
- 前(裏)

6
衿をつける。

- ①1ミシン
- 裏衿(裏)
- 表衿(表)
- 前(裏)
- ②表衿で縫い代をくるんでミシン
- ③ステッチ
- 0.1
- 0.1
- 前(表)

7 E2→p.43

8
脇を縫う。

9
袖口を始末する。

- 袖口止り
- ①1ミシン
- 前(裏)
- ②縫い代を割る
- 後ろ(表)
- 裏からミシンでとめる
- 0.5
- 袖口止り
- 前(裏)

10
裾の始末をする。→p.11

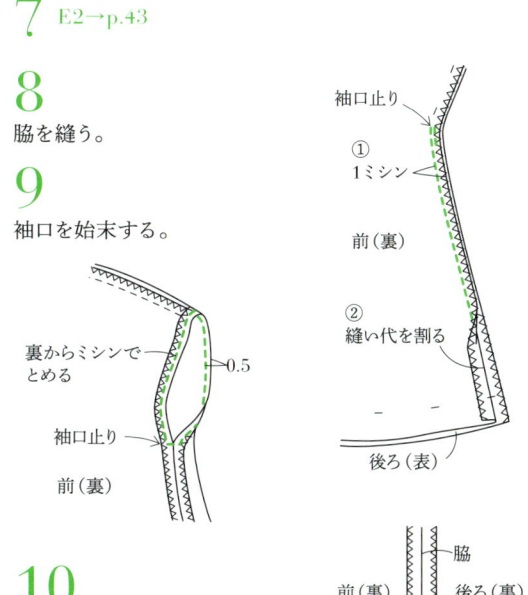

- 前(裏) 脇 後ろ(裏)
- 1三つ折りミシン

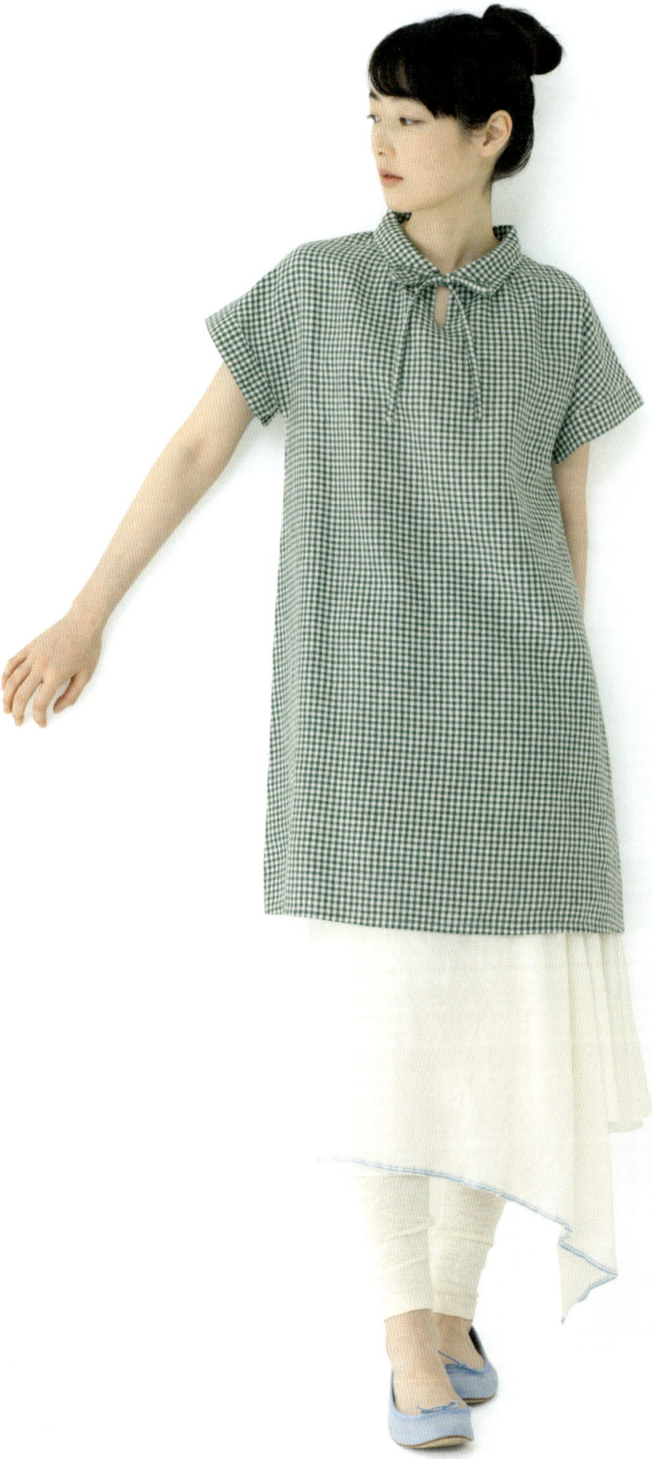

E2

抑えた色合いがカジュアルなリネンのギンガムチェックで。
スレンダーなシルエットには小さめのシャツカラーが似合います。袖口布をプラス。

Tunic
→ p.42

E2 p.40 Tunic

[出来上り寸法]

7号　バスト97.5cm／着丈92.5cm
9号　バスト102.5cm／着丈93cm
11号　バスト106.5cm／着丈93cm
13号　バスト110.5cm／着丈93cm
15号　バスト115.5cm／着丈93.5cm

[材料]

表布（リネン）：150cm幅1.6m
　　　　　　　（110cm幅の場合は2.5m）
接着芯：92cm幅40cm

[パターン]

E前　E後ろ　E2衿　E2袖口布　E見返し　Eひも
◎衿あきが小さめのデザインです。パターン上で頭が入るか、サイズを確認してください。きついようでしたら、スラッシュあきを長くして調整しましょう。

[準備]

◎裏衿に接着芯をはる。
◎見返しに接着芯をはり、周囲にジグザグミシンをかける。

裁合せ図

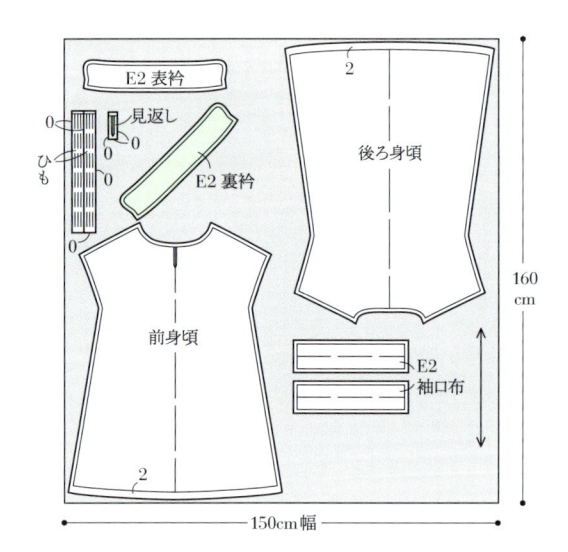

出来上り図

*指定以外の縫い代は1cm　* ▢は接着芯をはる

1 E1→p.38

2 ひもをはさんで衿を作る。

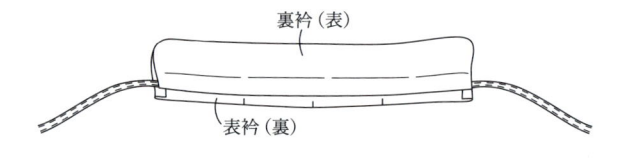

作り方はE1p.39と同じ
※ただし、③は裏衿の縫い代を1cm折る

3 4 5 E1→p.39

6
衿をつける。

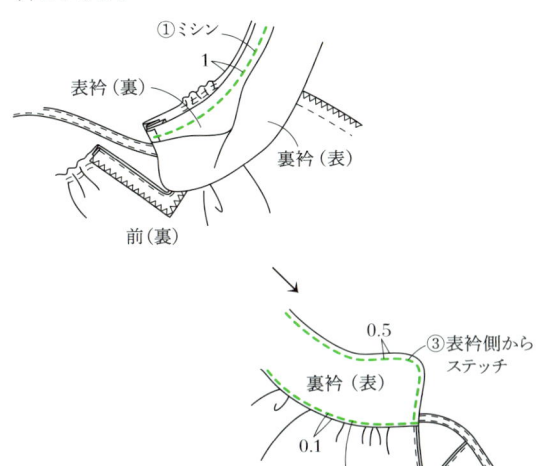

①ミシン
表衿(裏)
裏衿(表)
前(裏)
1

③表衿側からステッチ
0.5
裏衿(表)
0.1
②裏衿で縫い代をくるんでミシン
前(表)

7
袖口と脇の縫い代を始末し、袖口をアイロンで出来上りに折る。

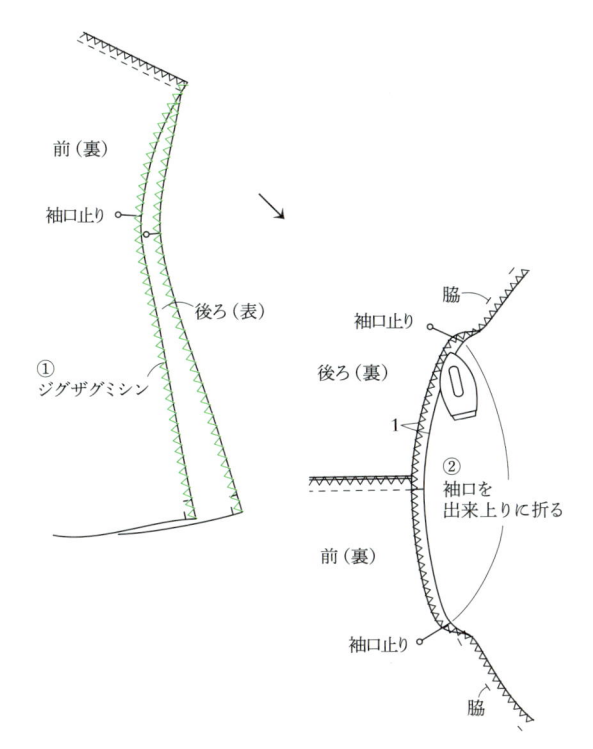

前(裏)
袖口止り
後ろ(表)
①ジグザグミシン

脇
袖口止り
後ろ(裏)
1
②袖口を出来上りに折る
前(裏)
袖口止り
脇

8
袖口布を作って袖口につける。

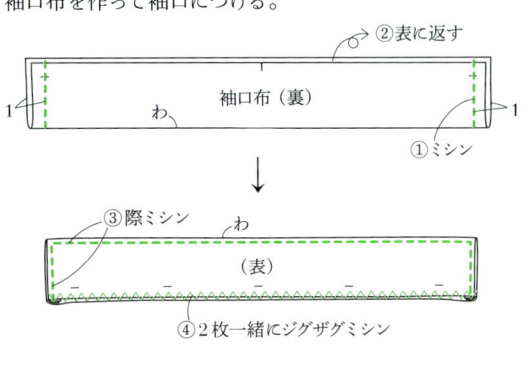

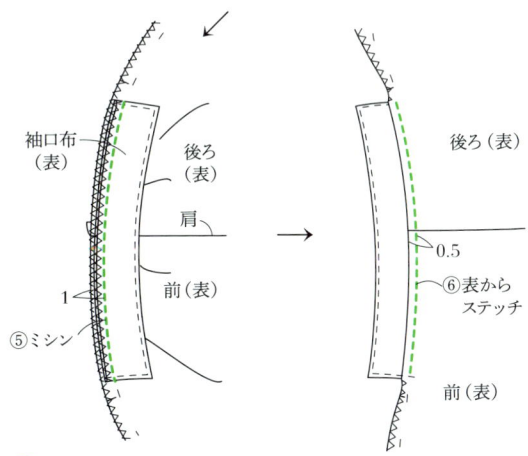

②表に返す
袖口布(裏)
わ
1　　　　　　　　　　　　　　1
①ミシン

③際ミシン
わ
(表)
④2枚一緒にジグザグミシン

袖口布(表)
後ろ(表)
肩
前(表)
1
⑤ミシン

後ろ(表)
0.5
⑥表からステッチ
前(表)

9
脇を縫い、袖ぐりを始末する。

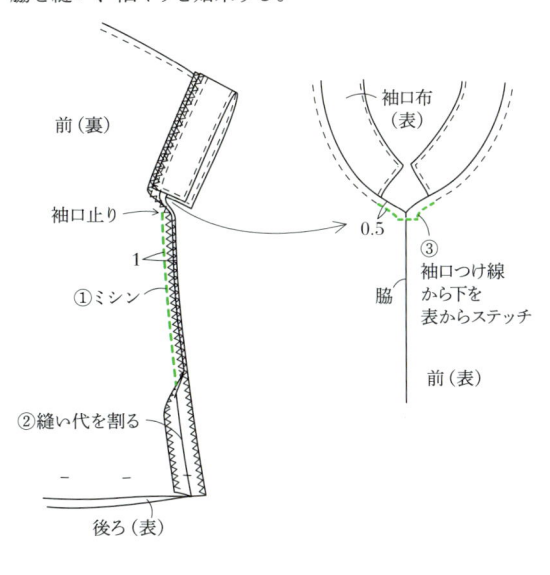

前(裏)
袖口止り
1
①ミシン
②縫い代を割る
後ろ(表)

袖口布(表)
0.5
③袖口つけ線から下を表からステッチ
脇
前(表)

10 E1→p.39

F 中心はすっきりと、腰位置のみギャザーを入れてウエストマーク。
ウエストのギャザーは、ダーツ処理も兼ねています。抑えたギャザー分量で縦の面を強調。

F1

クラシカルなデザインに
ぴったりな上質リネン。
背中にはアンティークゴールドの
ファスナーを表づけして
アクセントに。
Blouse
→p.46

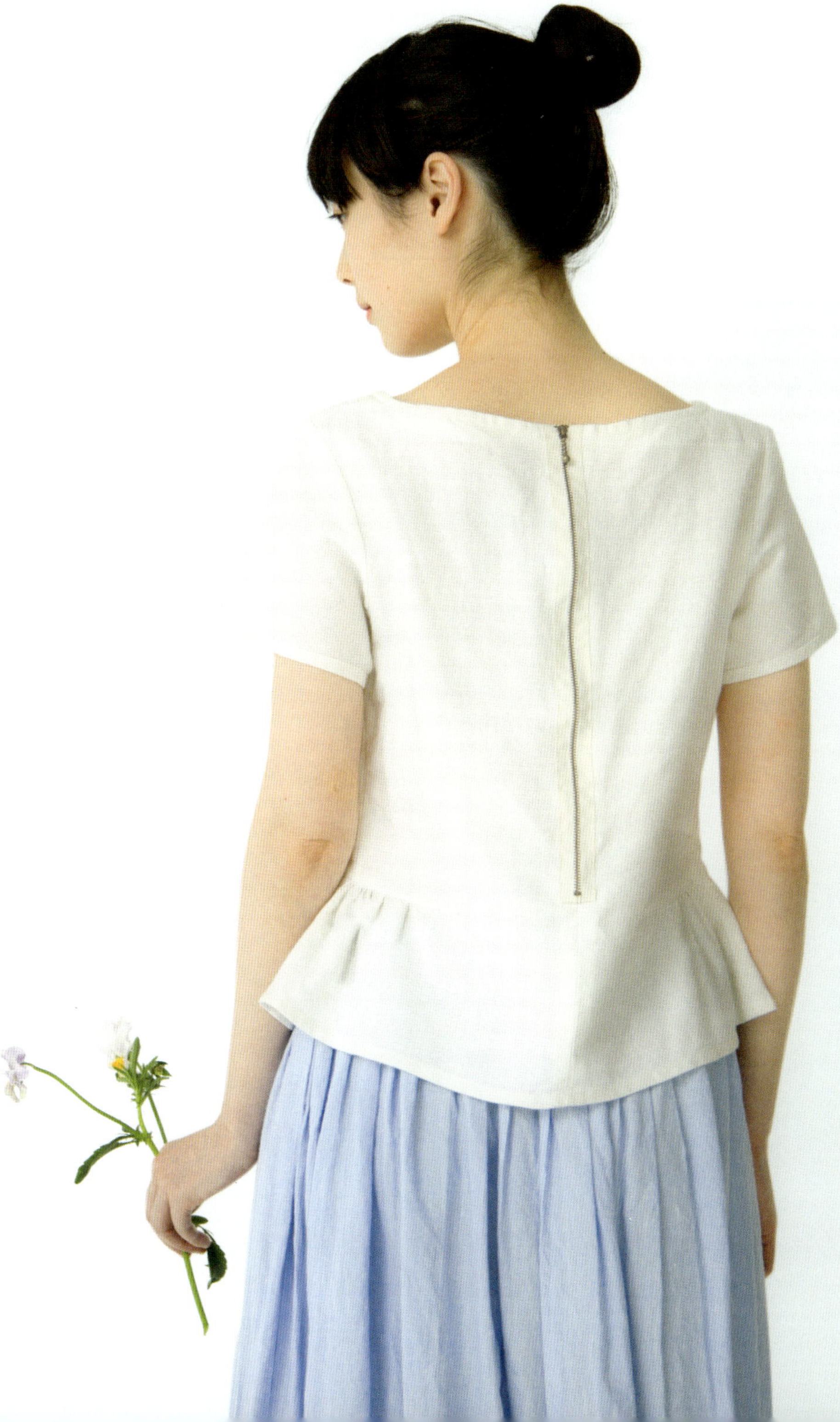

すっきり見える服 F

F1 p.44 Blouse

[出来上り寸法]

7号　　バスト88cm／袖丈16cm／着丈54.5cm
9号　　バスト93cm／袖丈16cm／着丈54.5cm
11号　　バスト97cm／袖丈16.5cm／着丈55cm
13号　　バスト101cm／袖丈16.5cm／着丈55cm
15号　　バスト106cm／袖丈17cm／着丈55.5cm

[材料]

表布（リネン）：150cm幅1m
　　　　　　　（110cm幅の場合は1.3m）
接着芯：92cm幅20cm
ファスナー：35cm1本
伸止めテープ：1cm幅1m
スプリングホック：1組み

[パターン]

F前　F後ろ　F袖　F前見返し　F後ろ見返し

[準備]

◎前後見返しに接着芯をはる。
◎ファスナーつけ位置に伸止めテープをはる。

裁合せ図

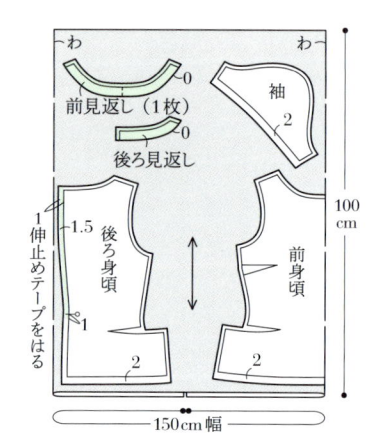

出来上り図

1

胸ダーツを縫う。→p.47

*指定以外の縫い代は1cm　*□は接着芯をはる

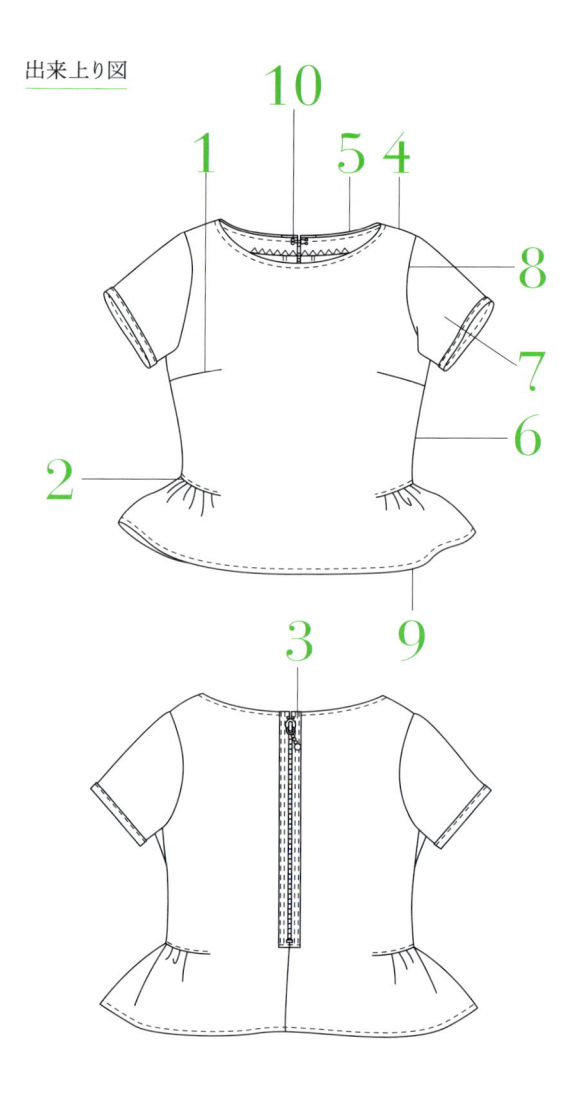

2
ウエストダーツを縫う。

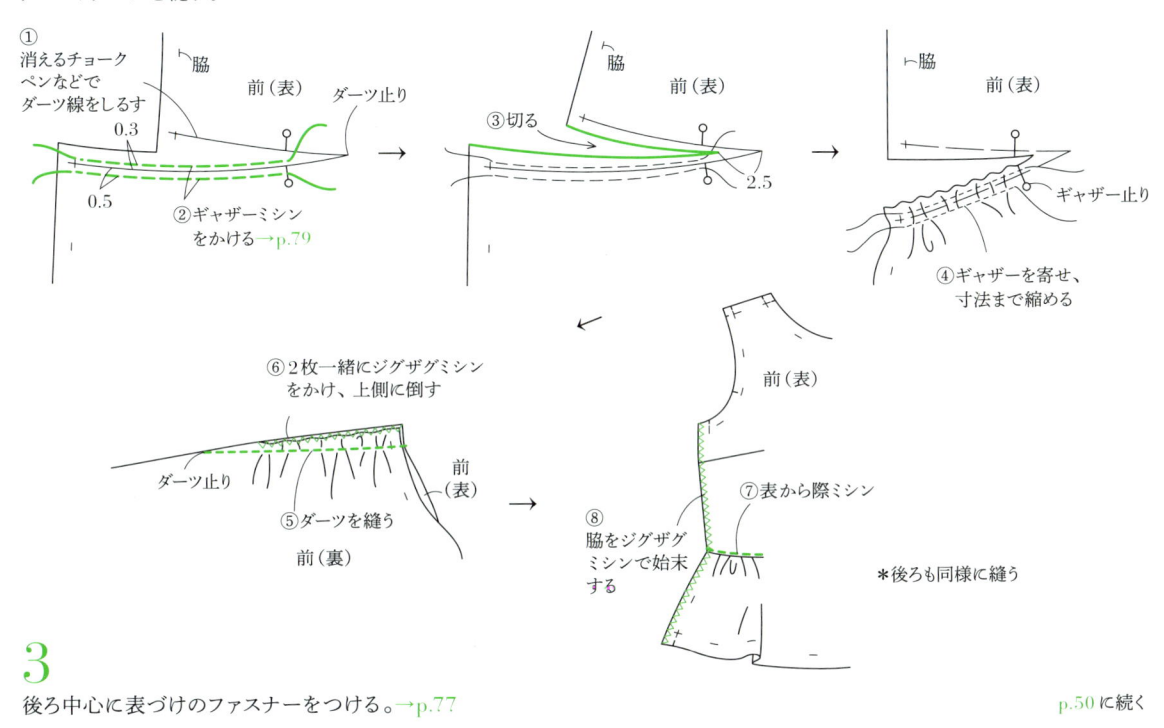

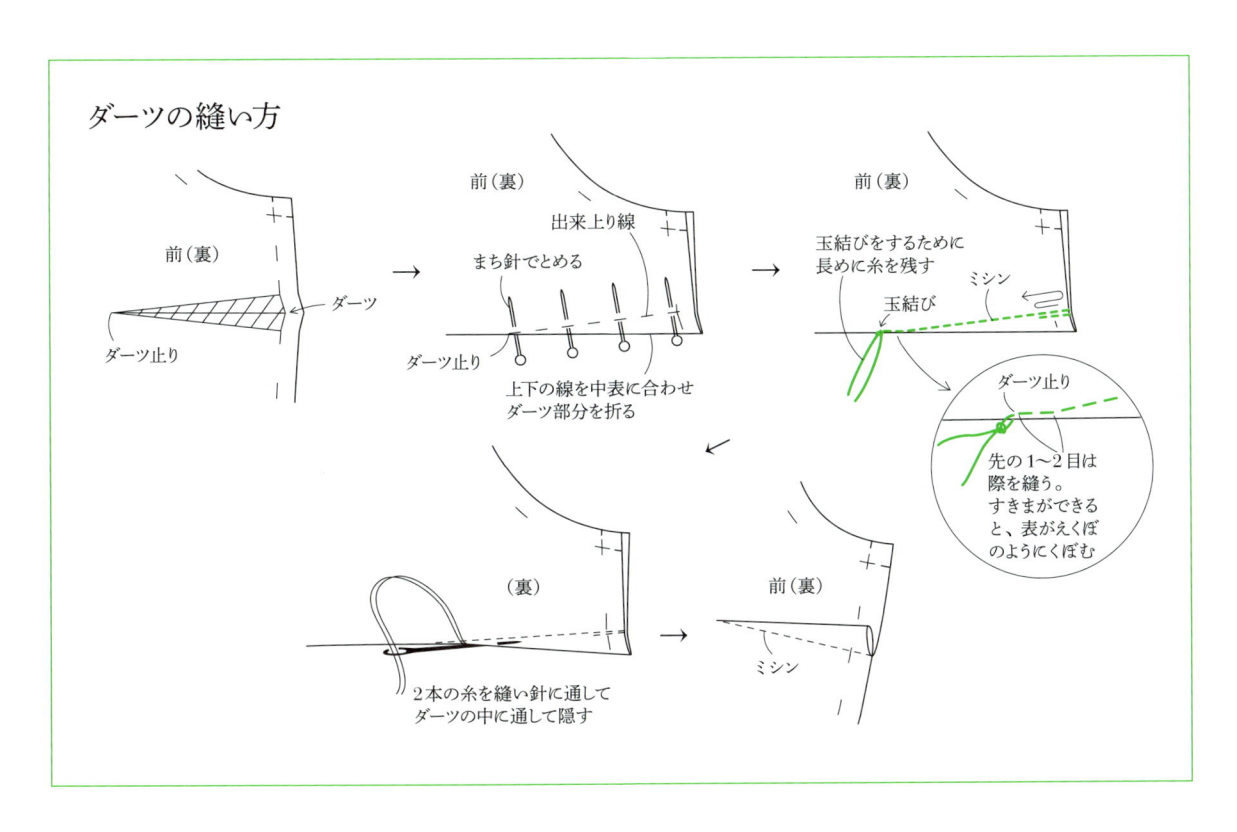

① 消えるチョークペンなどでダーツ線をしるす
② ギャザーミシンをかける→p.79
③ 切る
④ ギャザーを寄せ、寸法まで縮める
⑤ ダーツを縫う
⑥ 2枚一緒にジグザグミシンをかけ、上側に倒す
⑦ 表から際ミシン
⑧ 脇をジグザグミシンで始末する

＊後ろも同様に縫う

3
後ろ中心に表づけのファスナーをつける。→p.77

p.50に続く

ダーツの縫い方

まち針でとめる
上下の線を中表に合わせダーツ部分を折る
玉結びをするために長めに糸を残す
先の1〜2目は際を縫う。すきまができると、表がえくぼのようにくぼむ
2本の糸を縫い針に通してダーツの中に通して隠す

F2

F1の着丈と袖丈を長くして
女性らしいシルエットのワンピースに。
背中のファスナーはベーシックなタイプ、
すっきりつけられるテクニックを
マスターしましょう。

One-piece
→p.70

49

4
身頃と見返しの肩を、それぞれ縫う。

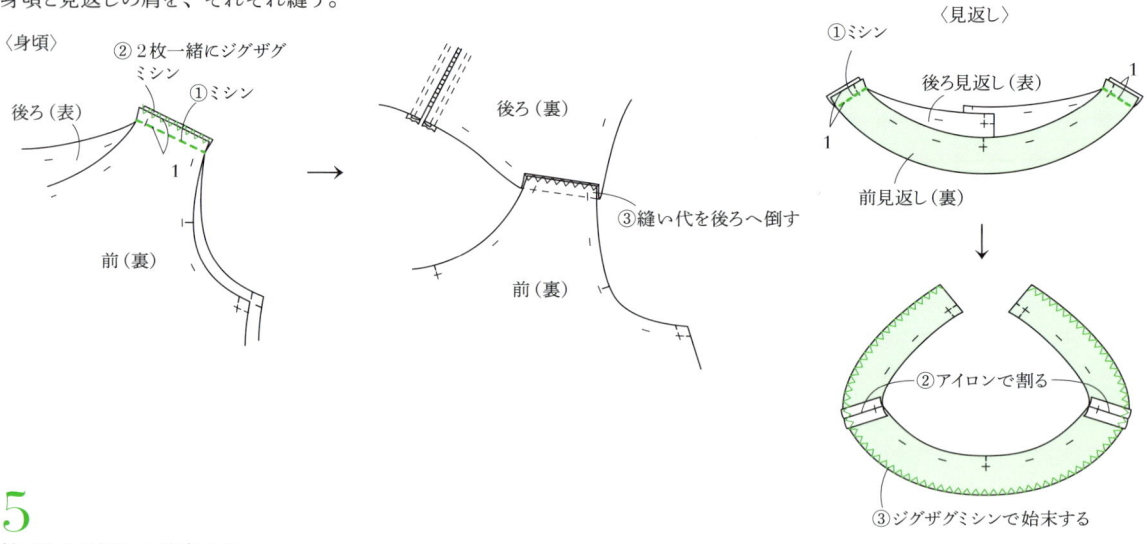

〈身頃〉
- ②2枚一緒にジグザグミシン
- ①ミシン
- 後ろ（表）
- 前（裏）
- 1
- ③縫い代を後ろへ倒す
- 後ろ（裏）
- 前（裏）

〈見返し〉
- ①ミシン
- 後ろ見返し（表）
- 前見返し（裏）
- 1
- ②アイロンで割る
- ③ジグザグミシンで始末する

5
衿ぐりを見返しで始末する。

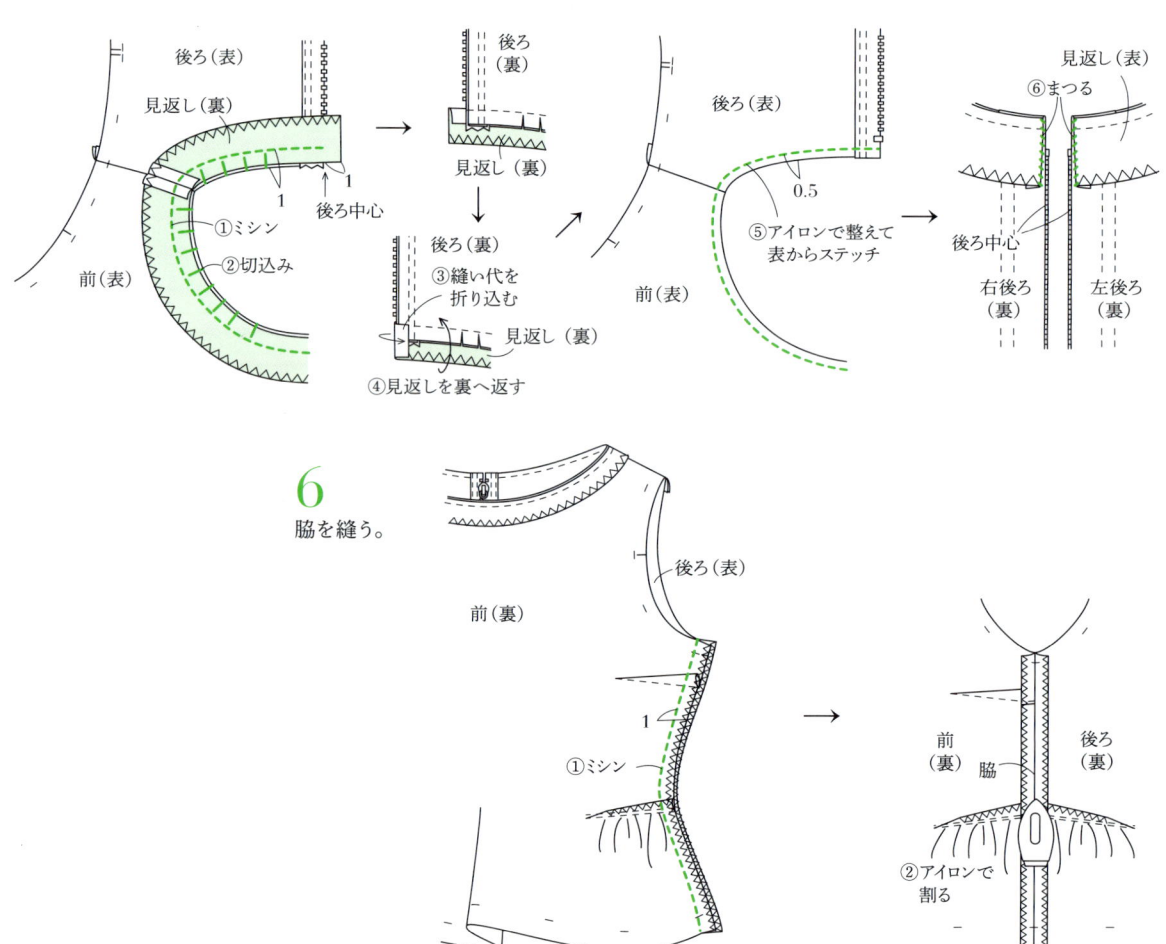

- 後ろ（表）
- 見返し（裏）
- ①ミシン
- ②切込み
- 前（表）
- 1
- 後ろ（裏）
- 後ろ中心
- 見返し（裏）
- ③縫い代を折り込む
- ④見返しを裏へ返す
- 後ろ（表）
- 前（表）
- 0.5
- ⑤アイロンで整えて表からステッチ
- 見返し（表）
- ⑥まつる
- 後ろ中心
- 右後ろ（裏）
- 左後ろ（裏）

6
脇を縫う。

- 後ろ（表）
- 前（裏）
- ①ミシン
- 1
- 前（裏）
- 後ろ（裏）
- 脇
- ②アイロンで割る

7
袖を作る。

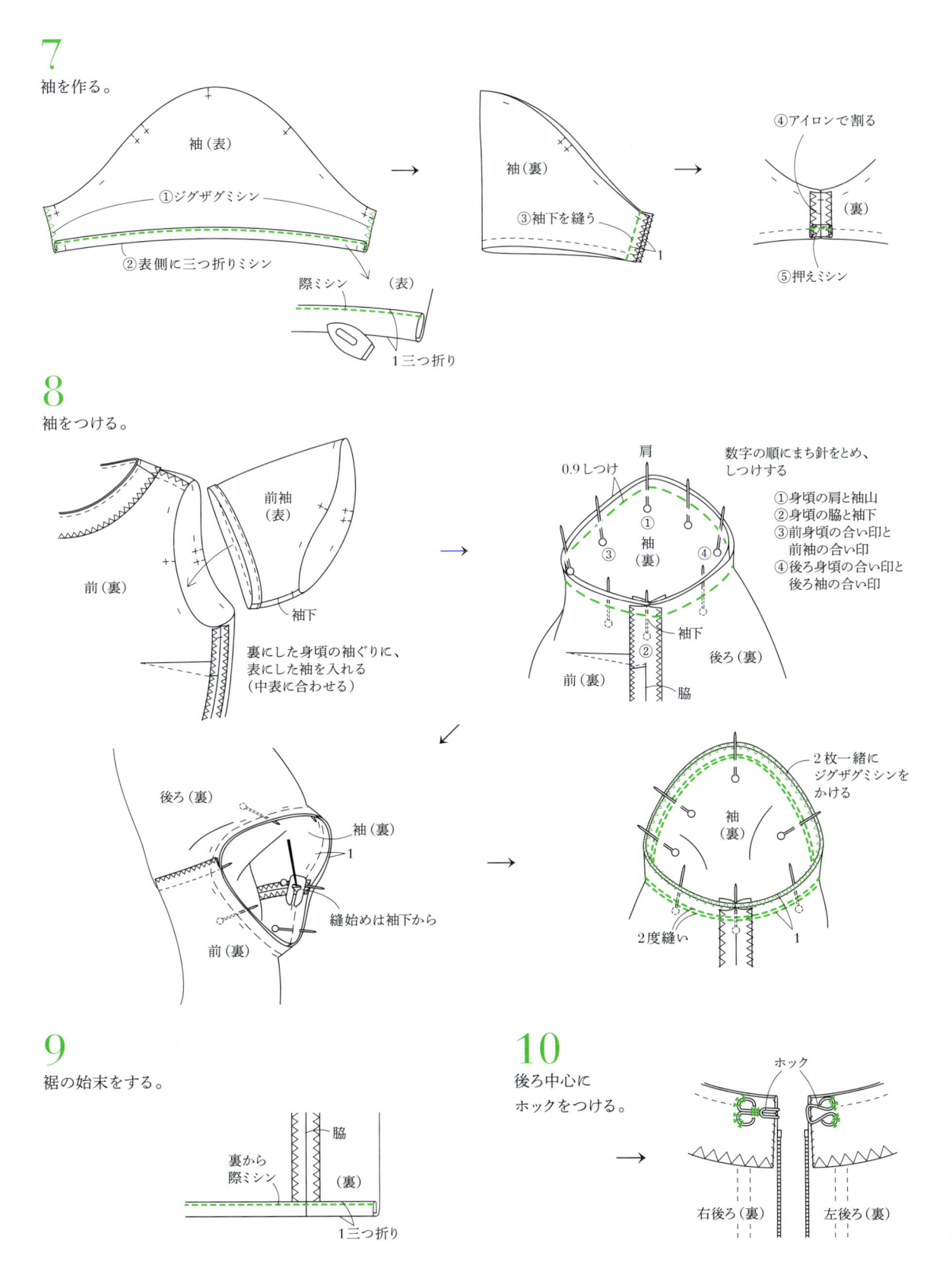

- 袖（表）
- ①ジグザグミシン
- ②表側に三つ折りミシン
- 際ミシン（表）
- 1 三つ折り
- 袖（裏）
- ③袖下を縫う
- ④アイロンで割る
- （裏）
- ⑤押えミシン

8
袖をつける。

- 前（裏）
- 前袖（表）
- 袖下
- 裏にした身頃の袖ぐりに、表にした袖を入れる（中表に合わせる）
- 0.9しつけ
- 肩
- 数字の順にまち針をとめ、しつけする
  - ①身頃の肩と袖山
  - ②身頃の脇と袖下
  - ③前身頃の合い印と前袖の合い印
  - ④後ろ身頃の合い印と後ろ袖の合い印
- 袖（裏）
- 袖下
- 前（裏）
- 後ろ（裏）
- 脇
- 後ろ（裏）
- 袖（裏）
- 縫始めは袖下から
- 前（裏）
- 2枚一緒にジグザグミシンをかける
- 袖（裏）
- 2度縫い

9
裾の始末をする。

- 脇
- 裏から際ミシン
- （裏）
- 1 三つ折り

10
後ろ中心にホックをつける。

- ホック
- 右後ろ（裏）
- 左後ろ（裏）

G カシュクールのシェープ効果を、ウエストを絞った脇線でさらに強調。
上前布を脇で縫いはさんでいることで、カシュクールの不安定さも解消しています。

G1

カシュクールは左右の前身頃が
クロスする位置によって、
すっきり見える効果が違ってきます。
さらに左右の長さを変えて
シルエットにアクセントをつけました。

Blouse
→p.54

G2

丈をのばしてワンピースに。
カシュクールのブラウスと
スカートのセットにも見えるデザイン。
長めのひもを軽く結んで着こなします。

One-piece
→p.72

すっきり見える服 G

G1 p.52 Blouse

[出来上り寸法]

7号　　バスト91cm／袖丈39.5cm／着丈59.5cm
9号　　バスト96cm／袖丈40cm／着丈59.5cm
11号　　バスト100cm／袖丈40cm／着丈59.5cm
13号　　バスト104cm／袖丈40.5cm／着丈60cm
15号　　バスト109cm／袖丈41cm／着丈60cm

[材料]

表布（リネン）：148cm幅1.3m
　　　　　　　（110cm幅の場合は1.8m）
接着芯：92cm幅20cm

[パターン]

G右前　G左前　G後ろ　G袖　G後ろ見返し

[準備]

◎後ろ見返しに接着芯をはる。
◎後ろ身頃脇にジグザグミシンをかける。

出来上り図

準備　　後ろ見返しに接着芯をはる
　　　　後ろ身頃脇を始末する

裁合せ図

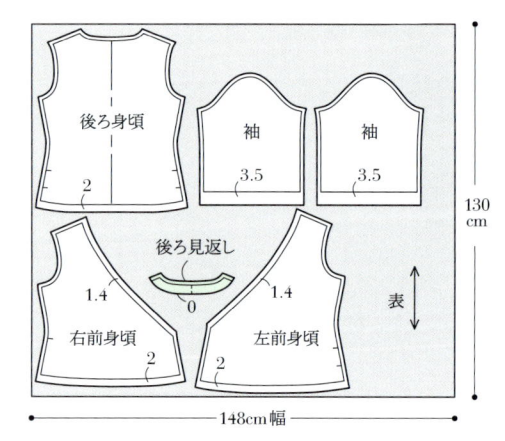

*指定以外の縫い代は1cm　*▨は接着芯をはる

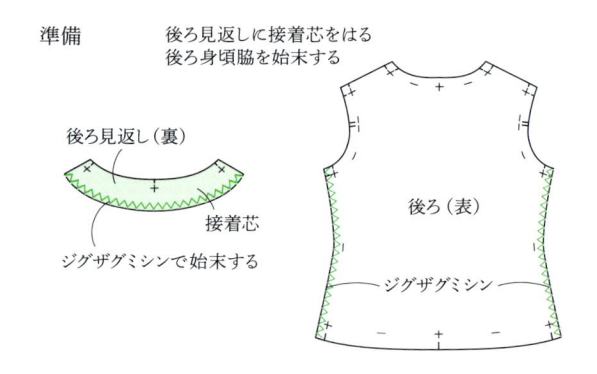

1

左右前身頃の衿ぐりと右前身頃の裾を始末し、左右を重ねて仮どめする。

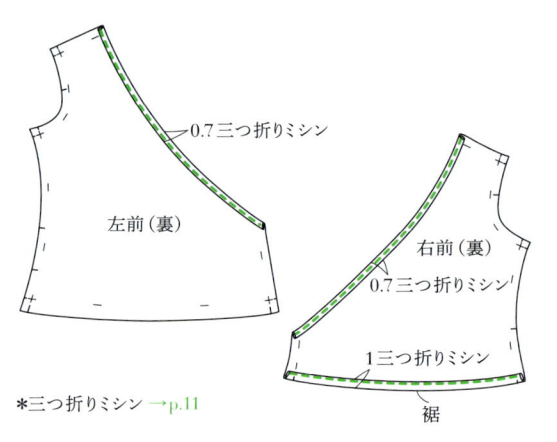

*三つ折りミシン →p.11

1 続き

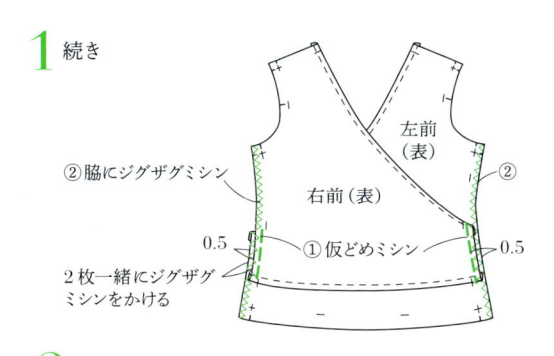

- ②脇にジグザグミシン
- 左前（表）
- 右前（表）
- ②
- 0.5
- ①仮どめミシン
- 0.5
- 2枚一緒にジグザグミシンをかける

2 後ろ見返しをつける。

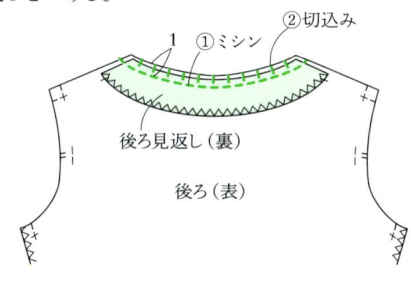

- 1
- ①ミシン
- ②切込み
- 後ろ見返し（裏）
- 後ろ（表）

3 身頃の肩を縫う。

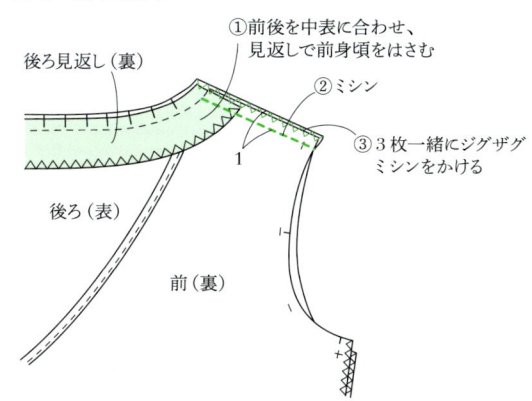

- ①前後を中表に合わせ、見返しで前身頃をはさむ
- 後ろ見返し（裏）
- ②ミシン
- ③3枚一緒にジグザグミシンをかける
- 1
- 後ろ（表）
- 前（裏）

4 見返しを裏に返し、ステッチをかける。

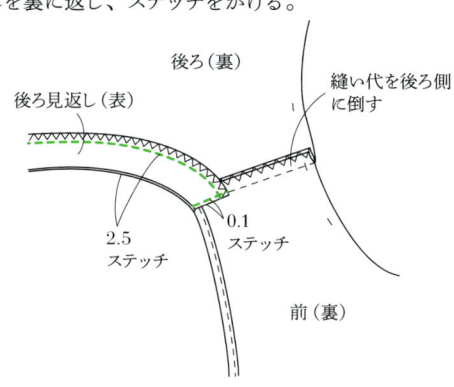

- 後ろ（裏）
- 後ろ見返し（表）
- 縫い代を後ろ側に倒す
- 2.5 ステッチ
- 0.1 ステッチ
- 前（裏）

5 脇を縫う。

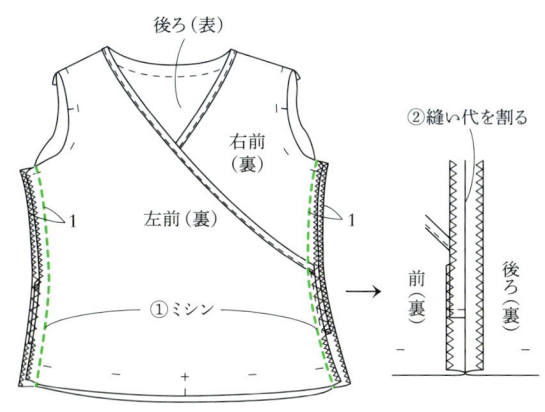

- 後ろ（表）
- ②縫い代を割る
- 右前（裏）
- 左前（裏）
- 1
- 1
- ①ミシン
- 前（裏）
- 後ろ（裏）

6 袖を作る。

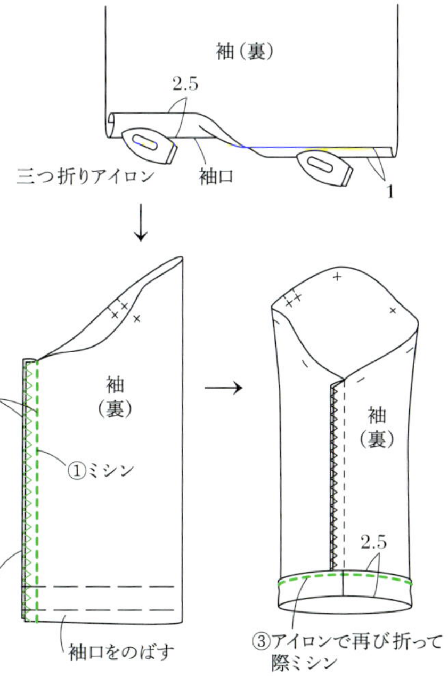

- 袖（裏）
- 2.5
- 三つ折りアイロン
- 袖口
- 1
- 1
- ①ミシン
- 袖（裏）
- ②2枚一緒にジグザグミシンをかけ、後ろ側に倒す
- 袖口をのばす
- 袖（裏）
- 2.5
- ③アイロンで再び折って際ミシン

7 袖をつける。F1→p.51

8 裾の始末をする。

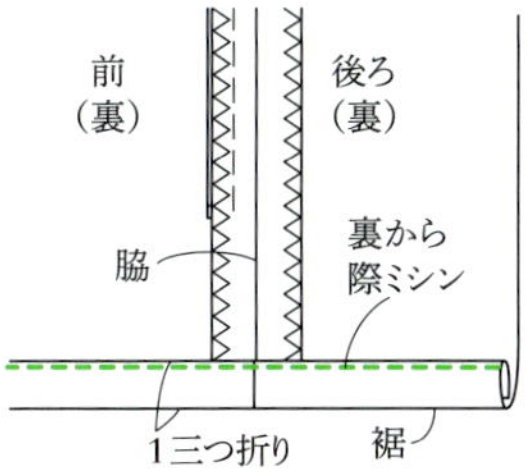

- 前（裏）
- 後ろ（裏）
- 脇
- 裏から際ミシン
- 1 三つ折り
- 裾

H アシンメトリーな裾と前あきで、ほっそりした縦長のライン。
ほっそりシルエットに前あきでさらにすっきり効果大です。前あきの簡単な作り方をマスターしましょう。

H1
裾が斜めのラインになったおおい布と
前身頃で2重になっています。
それを利用したきれいで簡単な、
あきの作り方です。

One-piece
→p.58

H2

斜めになった裾が短めの着丈で強調されているシャープなデザイン。グラフィカルなリバティプリントを使いました。

Blouse
→p.74

すっきり見える服 H

H1 p.56 One-piece

[出来上り寸法]

7号　　バスト91.5cm／着丈120cm
9号　　バスト96.5cm／着丈120.5cm
11号　　バスト100.5cm／着丈120.5cm
13号　　バスト104.5cm／着丈121cm
15号　　バスト109.5cm／着丈121cm

[材料]

表布（コットンリネンシャンブレー）：
140cm幅2.2m（110cm幅の場合は3.4m）
接着芯：92cm幅10cm
ボタン：直径1.3cm 2個
スナップ：直径1.3cm 2組み

[パターン]

H前　H後ろ　Hおおい布　H衿　H1当て布

[準備]

◎裏衿に接着芯をはる。
◎後ろ身頃脇にジグザグミシンをかける。
◎袖ぐり寸法分のバイアステープを作る。→p.76

出来上り図

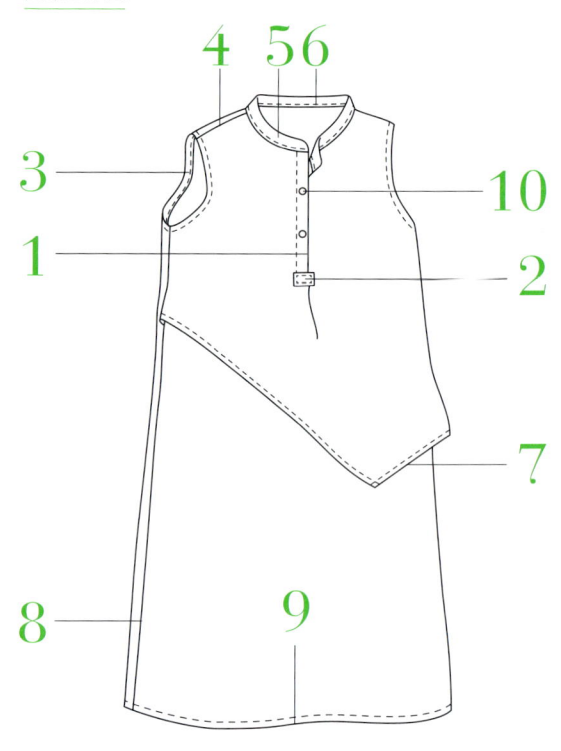

裁合せ図

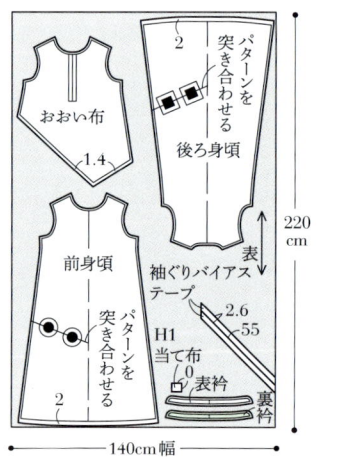

準備　裏衿に接着芯をはる
　　　後ろ身頃脇を始末する

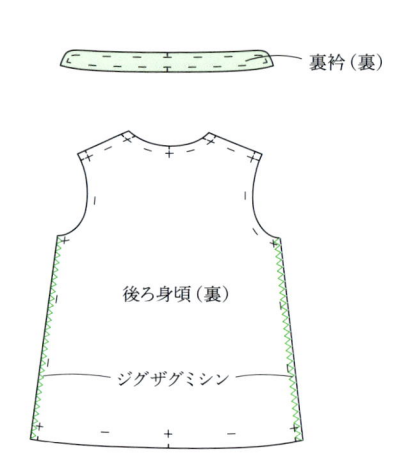

1
前中心にあきを作る。

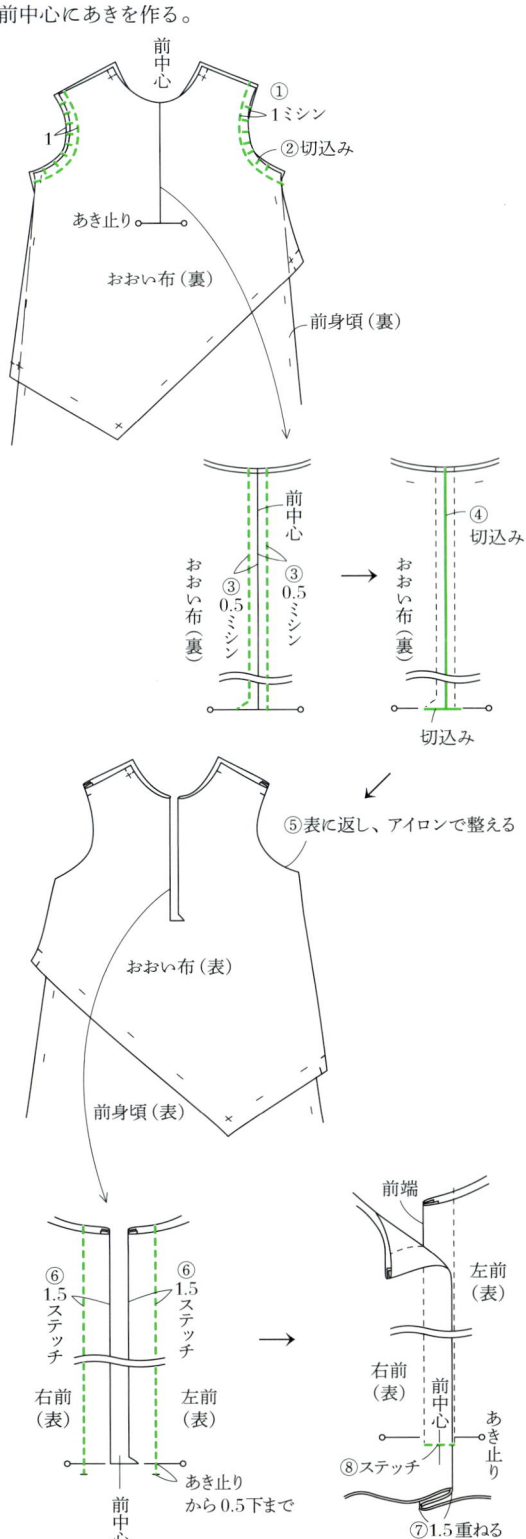

- 前中心
- ①1ミシン
- ②切込み
- あき止り
- おおい布（裏）
- 前身頃（裏）

- 前中心
- ③0.5ミシン
- ③0.5ミシン
- ④切込み
- おおい布（裏）
- 切込み

⑤表に返し、アイロンで整える

- おおい布（表）
- 前身頃（表）

- 前端
- ⑥1.5ステッチ
- ⑥1.5ステッチ
- 右前（表）
- 左前（表）
- 前中心
- あき止りから0.5下まで

- 左前（表）
- 右前（表）
- 前中心
- あき止り
- ⑧ステッチ
- ⑦1.5重ねる

2
当て布を作り、前あき下につける。

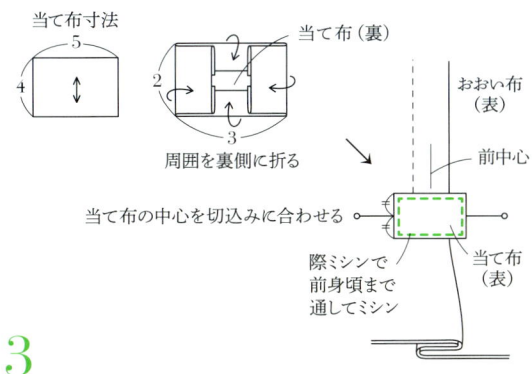

- 当て布寸法　5　4
- 当て布（裏）
- 周囲を裏側に折る

- 当て布の中心を切込みに合わせる
- おおい布（表）
- 前中心
- 際ミシンで前身頃まで通してミシン
- 当て布（表）

3
後ろ身頃の袖ぐりをバイアステープで始末する。→p.76

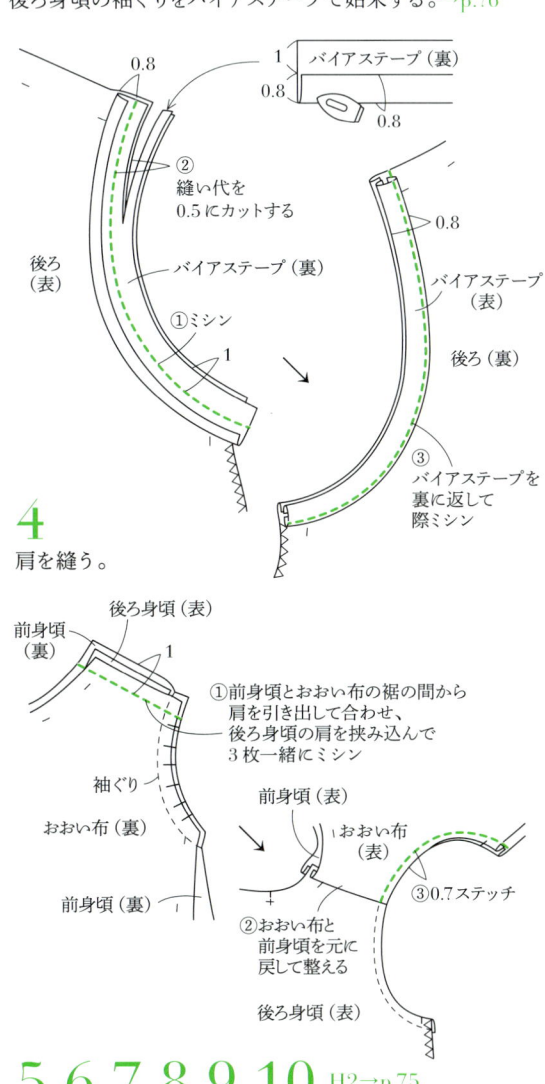

- 0.8
- バイアステープ（裏）　1　0.8　0.8
- ②縫い代を0.5にカットする
- 後ろ（表）
- バイアステープ（裏）
- ①ミシン　1
- バイアステープ（表）
- 後ろ（裏）
- ③バイアステープを裏に返して際ミシン

4
肩を縫う。

- 後ろ身頃（表）
- 前身頃（裏）　1
- ①前身頃とおおい布の裾の間から肩を引き出して合わせ、後ろ身頃の肩を挟み込んで3枚一緒にミシン
- 袖ぐり
- おおい布（裏）
- 前身頃（裏）
- 前身頃（表）
- おおい布（表）
- ②おおい布と前身頃を元に戻して整える
- ③0.7ステッチ
- 後ろ身頃（表）

5 6 7 8 9 10　H2→p.75

59

I トップを選ばないスレンダーパンツ。きれいに見える丈を見つけたい。
レギンスのような感覚ではけるほっそりパンツは、素材を替えて一年中愛用できるアイテムです。

I 1

ウエストにゴムテープを通してはけるぎりぎりまで、スレンダーなシルエットにしたパターンです。
リゾートにもはきたいプリントのコットンリネンのクロップトパンツです。

Pants
→p.62

12

丈をのばしてフルレングスパンツに。
仕立てる前に自分の足の各所の採寸をして
パターンを確かめてください。
Pants
→p.73

すっきり見える服 I

I1 p.60 Pants

[出来上り寸法]

7号　　ヒップ90cm／股下丈54cm／裾回り29cm
9号　　ヒップ95cm／股下丈54cm／裾回り32.5cm
11号　　ヒップ99cm／股下丈54cm／裾回り35cm
13号　　ヒップ103cm／股下丈54cm／裾回り37.5cm
15号　　ヒップ108cm／股下丈54cm／裾回り40.5cm

[材料]

表布（コットンリネンプリント）：110cm幅2m
　　　　　　　　　　　　　　（150cm幅の場合は1m）

ゴムテープ：2cm幅 適宜

[パターン]

I前　I後ろ

[準備]

◎股上と脇線にジグザグミシンをかける。

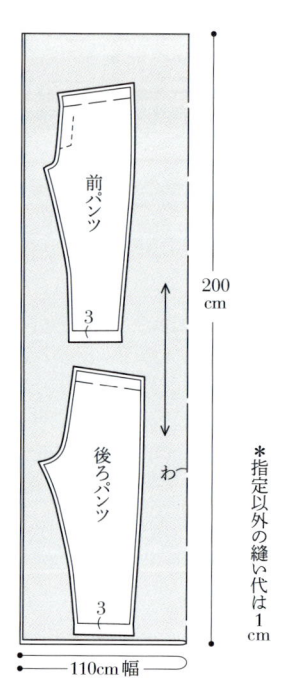

出来上り図

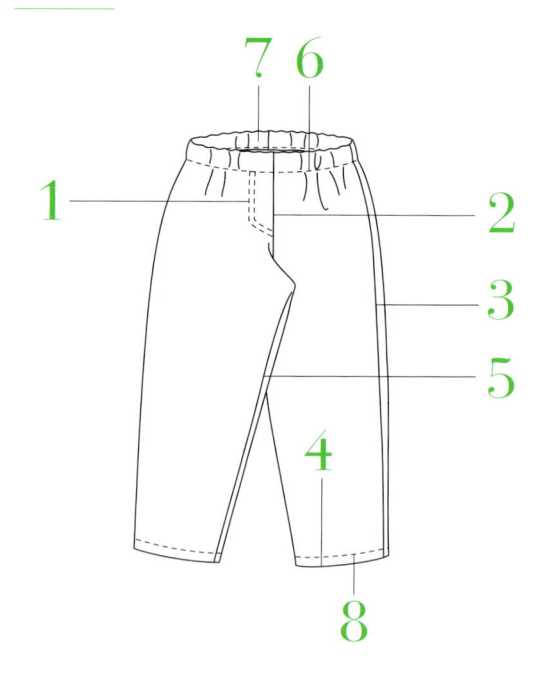

裁合せ図

前パンツ 3
後ろパンツ 3
200cm
わ
110cm幅
*指定以外の縫い代は1cm

準備　股上と脇線にジグザグミシンをかける

股上　後ろ　脇　前　股上

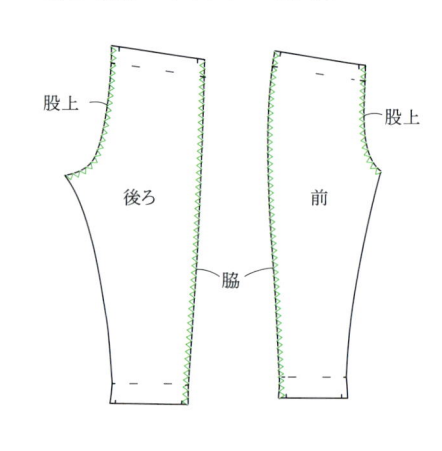

1

右前パンツに飾りステッチをかける

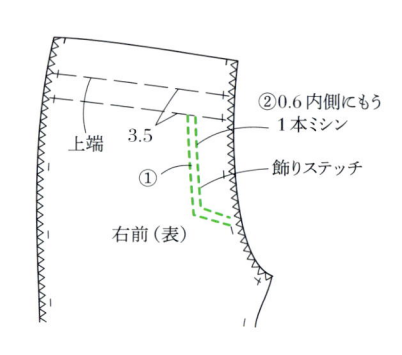

上端　3.5
①
右前（表）
②0.6内側にもう1本ミシン
飾りステッチ

62

2
前後それぞれ、股上を縫う。

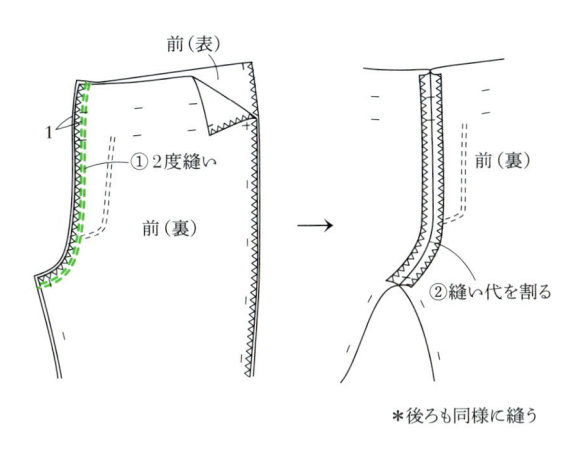

前(表)
①2度縫い
前(裏)
前(裏)
前(裏)
②縫い代を割る

＊後ろも同様に縫う

3
前後を中表に合わせ、脇を縫う。

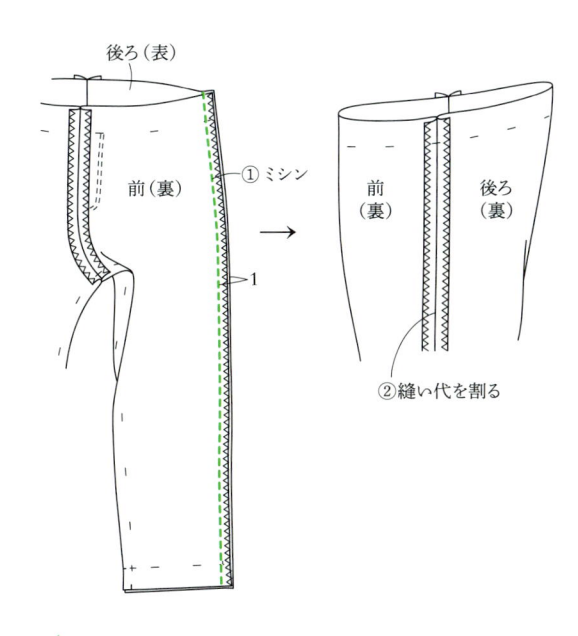

後ろ(表)
前(裏)
①ミシン
前(裏)
後ろ(裏)
②縫い代を割る

4
裾に三つ折りアイロンをかける。→p.11

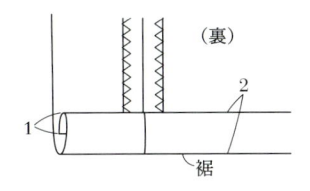

(裏)
裾

5
股下を縫う。

後ろ(表)
前(裏)
①ミシン
②2枚一緒にジグザグミシンをかけ、後ろ側に倒す
裾をのばす

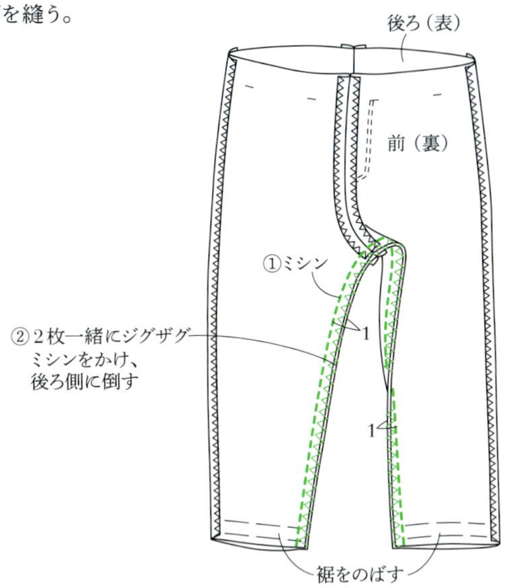

6
ウエストの始末をする。→p.11

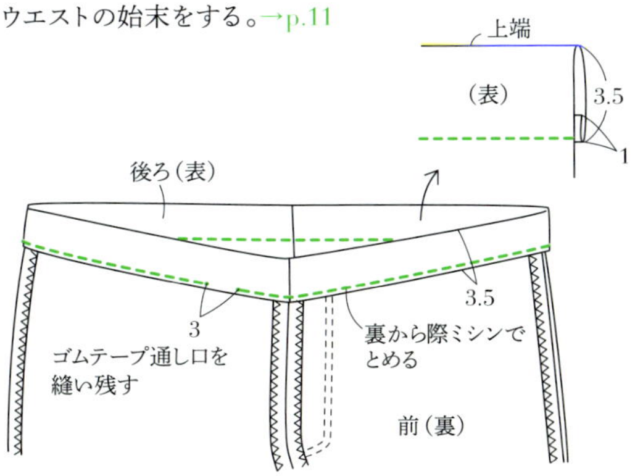

上端
(表)
3.5
1
後ろ(表)
3
ゴムテープ通し口を縫い残す
裏から際ミシンでとめる
3.5
前(裏)

7
ゴムテープを通す。

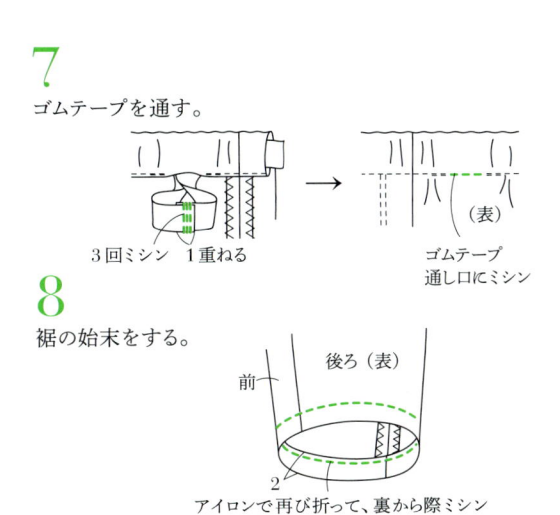

3回ミシン　1重ねる
(表)
ゴムテープ通し口にミシン

8
裾の始末をする。

前
後ろ(表)
2
アイロンで再び折って、裏から際ミシン

J ギャザースカートに見えるパンツ。どんな体型にもきれいにフィット。
一見ギャザースカートですが、パンツの機能性はしっかりあります。

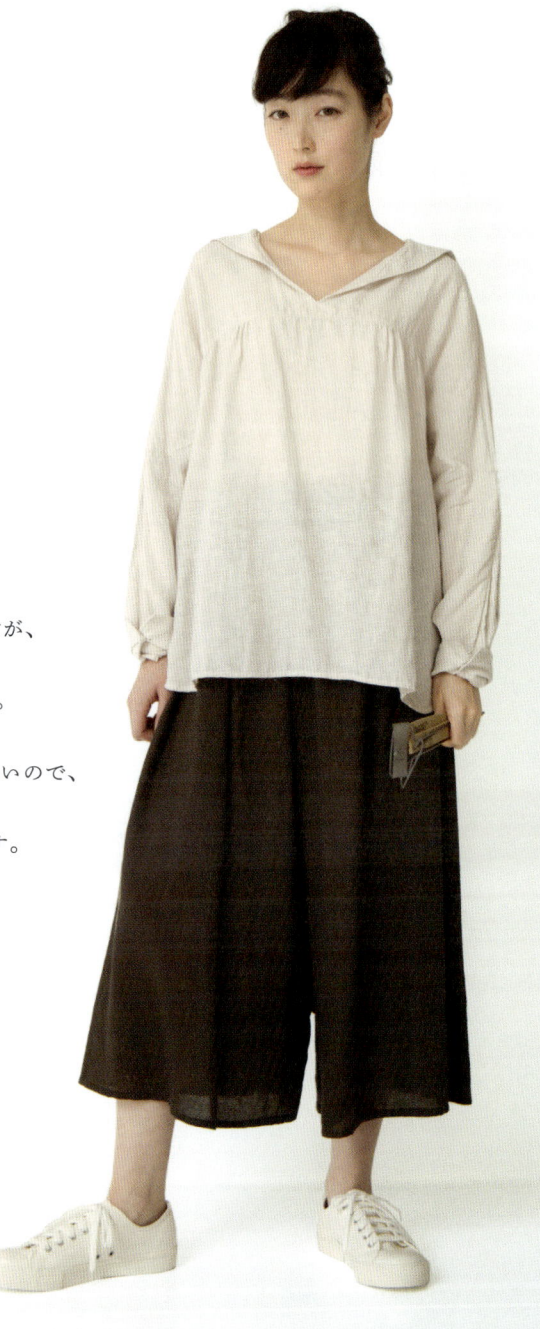

J
180°の開脚は無理ですが、
普段の歩行には
全く問題がありません。
ゆったりパンツは
体型への許容範囲が広いので、
2サイズ展開の
パターンになっています。
Pants
→p.66

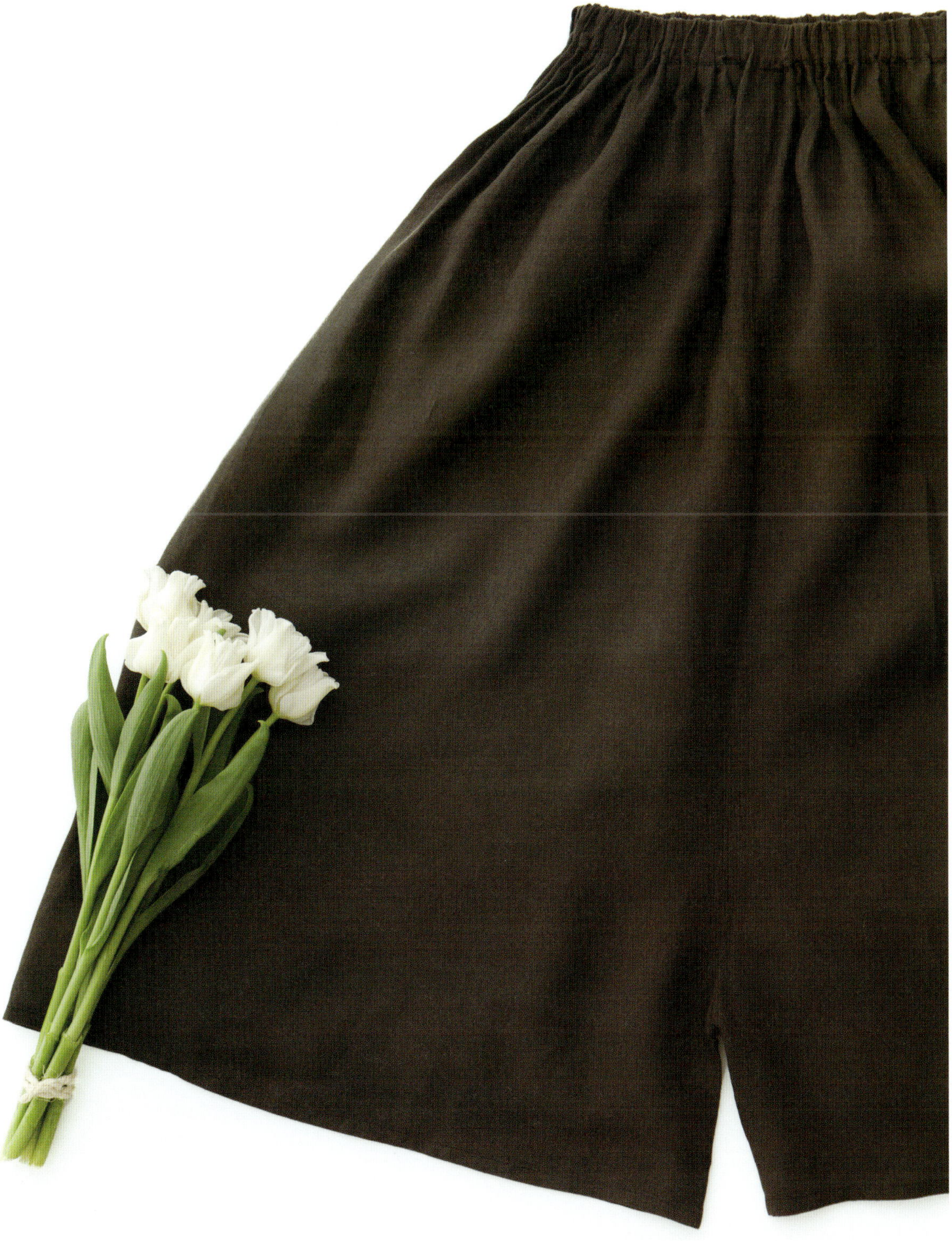

すっきり見える服 J

J p.64 Pants

［出来上り寸法］

7号、9号
ヒップ171cm／パンツ丈86.5cm／裾回り102cm
11〜15号
ヒップ179.5cm／パンツ丈86.5cm／裾回り107cm

［材料］

表布（リネン）：110〜150cm幅2m
ゴムテープ：2cm幅 適宜

［パターン］

J 前後

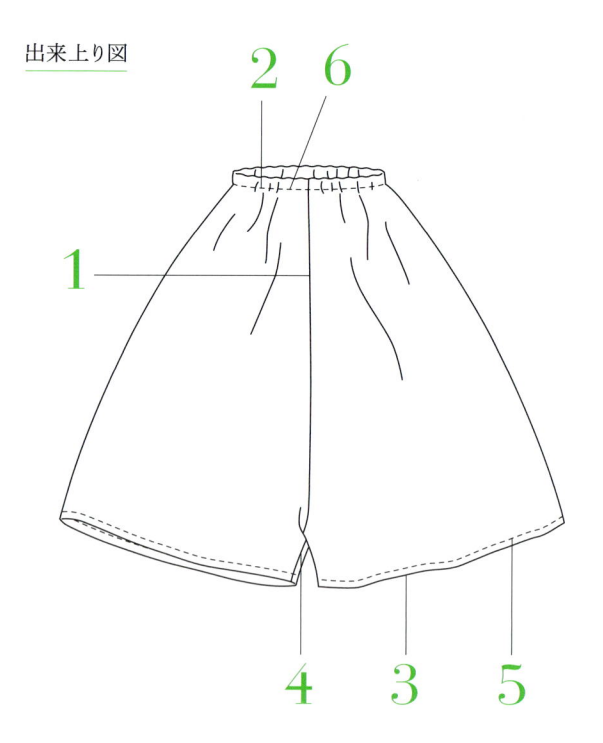

出来上り図

裁合せ図

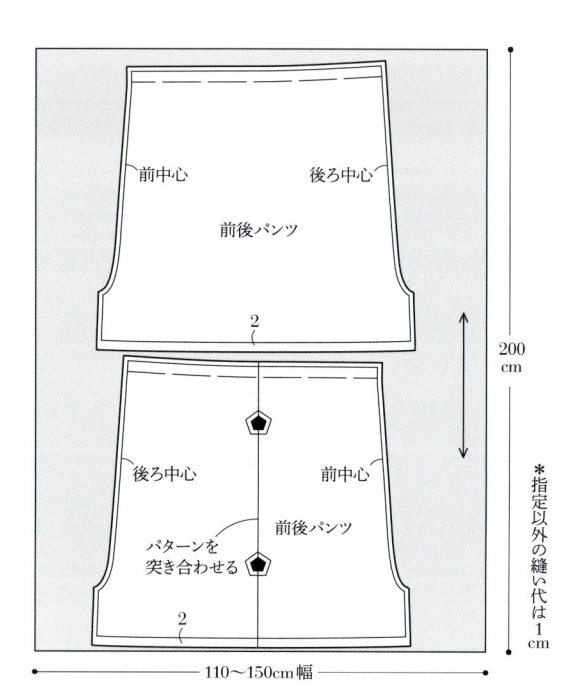

前中心　後ろ中心
前後パンツ

後ろ中心　前中心
前後パンツ
パターンを突き合わせる

200cm

110〜150cm幅

＊指定以外の縫い代は1cm

1
前後の股上を縫う。

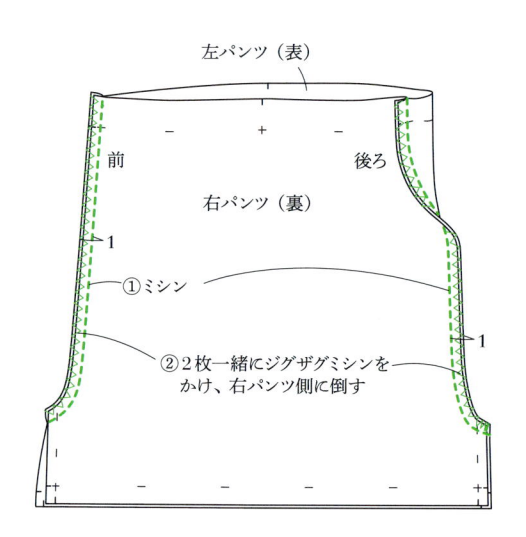

左パンツ（表）
前　後ろ
右パンツ（裏）
①ミシン
②2枚一緒にジグザグミシンをかけ、右パンツ側に倒す

66

2
ウエストの始末をする。

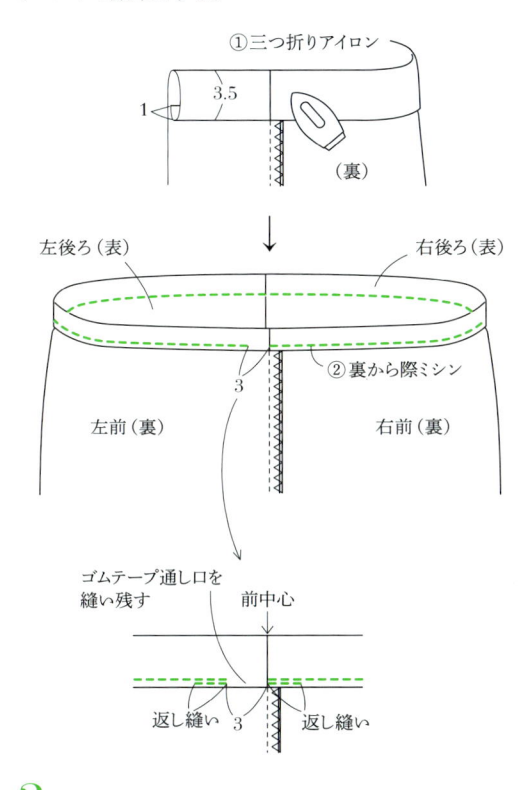

①三つ折りアイロン
3.5
1
（裏）

②裏から際ミシン
左後ろ（表）　右後ろ（表）
3
左前（裏）　右前（裏）

ゴムテープ通し口を縫い残す
前中心
返し縫い　3　返し縫い

3
裾に三つ折りアイロンをかける。→p.11

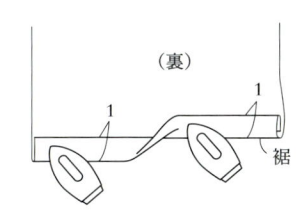

（裏）
1　1
裾

4
股下を縫う。

左後ろ（表）　右後ろ（表）
左前（裏）　右前（裏）

①ミシン
1
②2枚一緒にジグザグミシンをかけ、後ろに倒す
裾をのばす

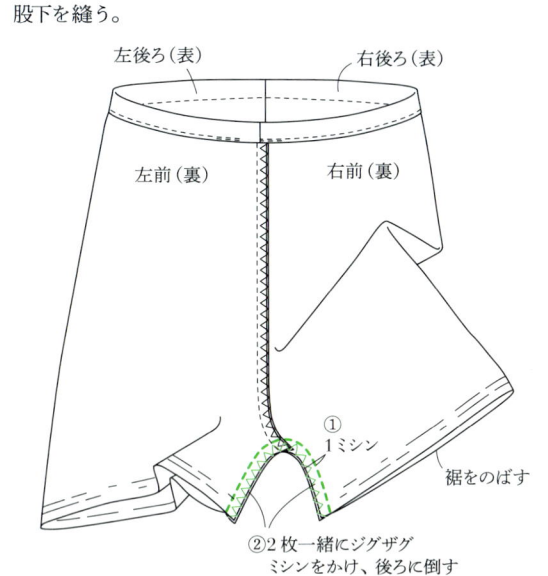

5
裾の始末をする。

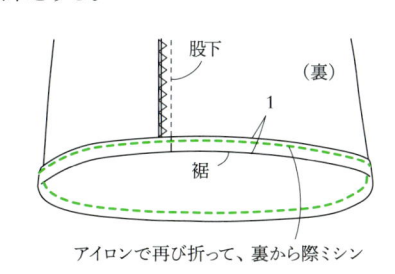

股下
（裏）
1
裾
アイロンで再び折って、裏から際ミシン

6
ゴムテープを通す。1.2→p.63

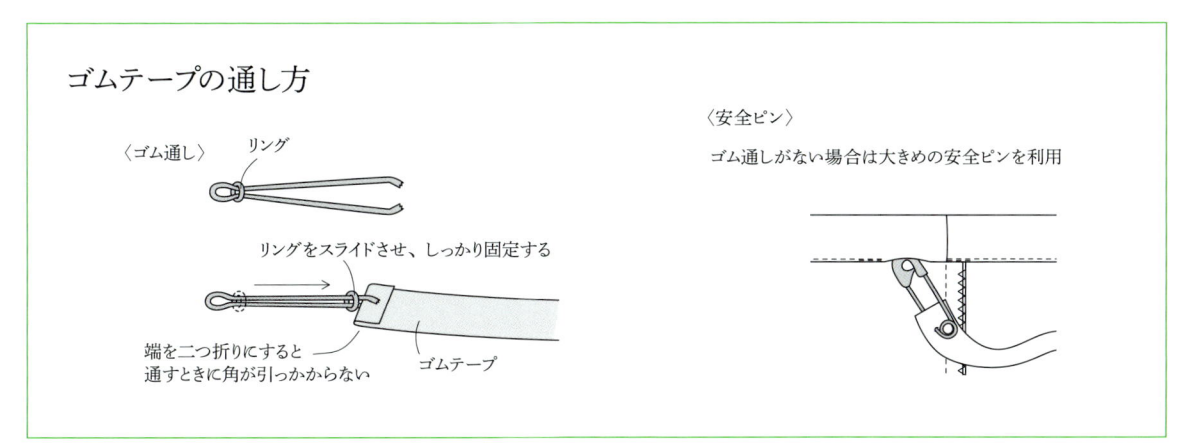

ゴムテープの通し方

〈ゴム通し〉
リング
リングをスライドさせ、しっかり固定する
端を二つ折りにすると通すときに角が引っかからない
ゴムテープ

〈安全ピン〉
ゴム通しがない場合は大きめの安全ピンを利用

67

アンダードレス

透け防止と汗とりに、天然素材のアンダードレスがほしい！
市販のキャミソールに四角い布を縫いつけるだけでできるデザイン。きれいな色の布やレース地で作っても。
→ p.69

アンダードレス　p.68　underdress

出来上り図

[出来上り寸法]
7号　　ウエスト93cm／スカート丈55cm
9号　　ウエスト98cm／スカート丈55cm
11号　　ウエスト102cm／スカート丈55cm
13号　　ウエスト106cm／スカート丈55cm
15号　　ウエスト111cm／スカート丈55cm
※スカート丈は合わせるものによって加減してください。

[材料]
伸縮素材のキャミソール（市販のもの）
スカート布：110cm幅60cm　15号は110cm幅1.2m

[準備]
◎スカート布を裁断する。
◎キャミソールの丈を指定の寸法にカットする。

製図 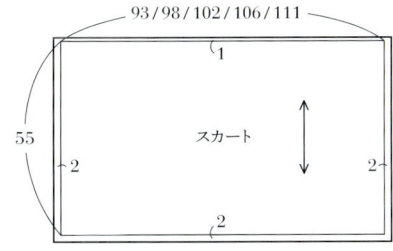
93／98／102／106／111
55
スカート
*数字は左から7／9／11／13／15号

準備
50　丈の長いものはカットする
市販のキャミソール
スカートの切替え位置

1
スカートの後ろ中心を縫う。

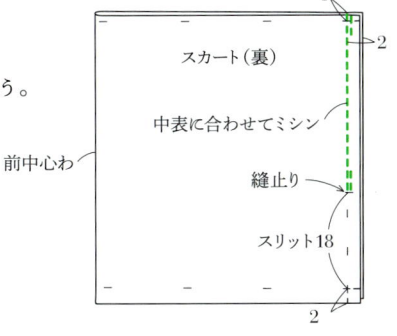

スカート（裏）
中表に合わせてミシン
前中心わ
縫止り
スリット18

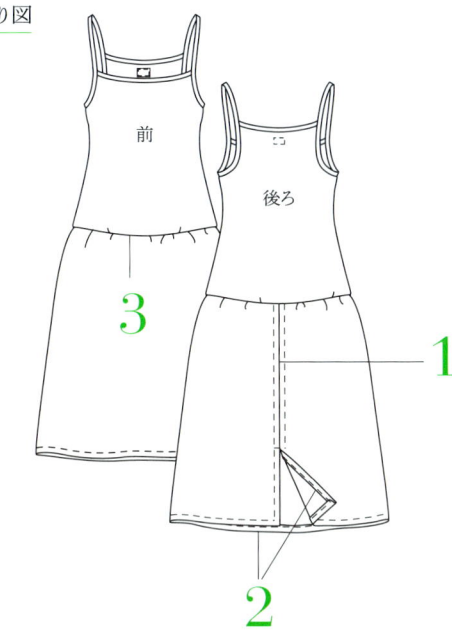

2
スリットあきを作り、裾を始末する。

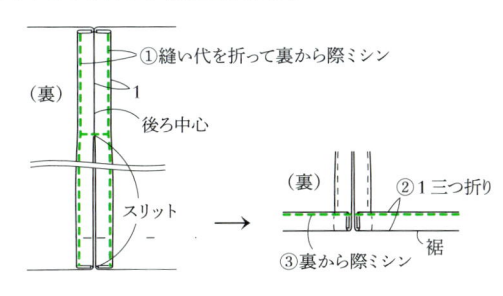

①縫い代を折って裏から際ミシン
（裏）
後ろ中心
スリット
→
②1三つ折り
（裏）
裾
③裏から際ミシン

3
スカートとキャミソールを縫い合わせる。

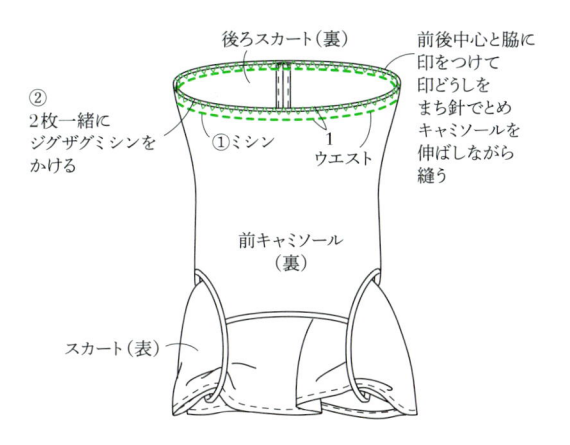

後ろスカート（裏）
②2枚一緒にジグザグミシンをかける
①ミシン
ウエスト
前後中心と脇に印をつけて印どうしをまち針でとめキャミソールを伸ばしながら縫う
前キャミソール（裏）
スカート（表）

すっきり見える服 F
F2 p.48 One-piece

[出来上り寸法]

7号　　バスト88cm／袖丈43cm／着丈117cm
9号　　バスト93cm／袖丈43.5cm／着丈117cm
11号　　バスト97cm／袖丈43.5cm／着丈117cm
13号　　バスト101cm／袖丈44cm／着丈117.5cm
15号　　バスト106cm／袖丈44cm／着丈117.5cm

[材料]

表布（リバティプリント）：112cm幅3m
接着芯：92cm幅20cm
ファスナー：54cm 1本
伸止めテープ：1cm幅1.5m
スプリングホック：1組み

[パターン]

F前　F後ろ　F袖　F前見返し　F後ろ見返し

[準備]

◎前後見返しに接着芯をはる。
◎ファスナーつけ位置に伸止めテープをはる。

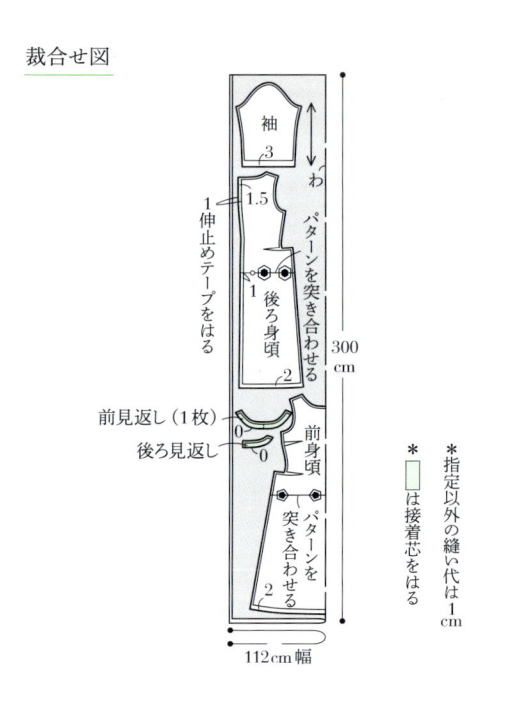

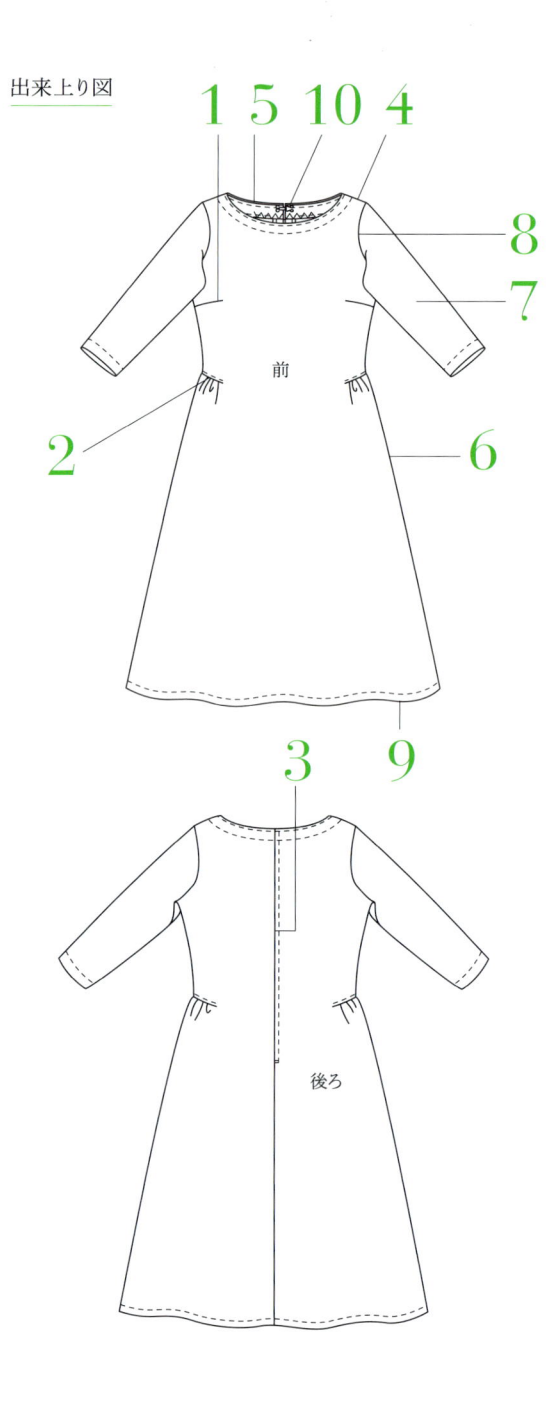

裁合せ図

出来上り図

F1→p.46、47

3
後ろ中心にファスナーをつける。

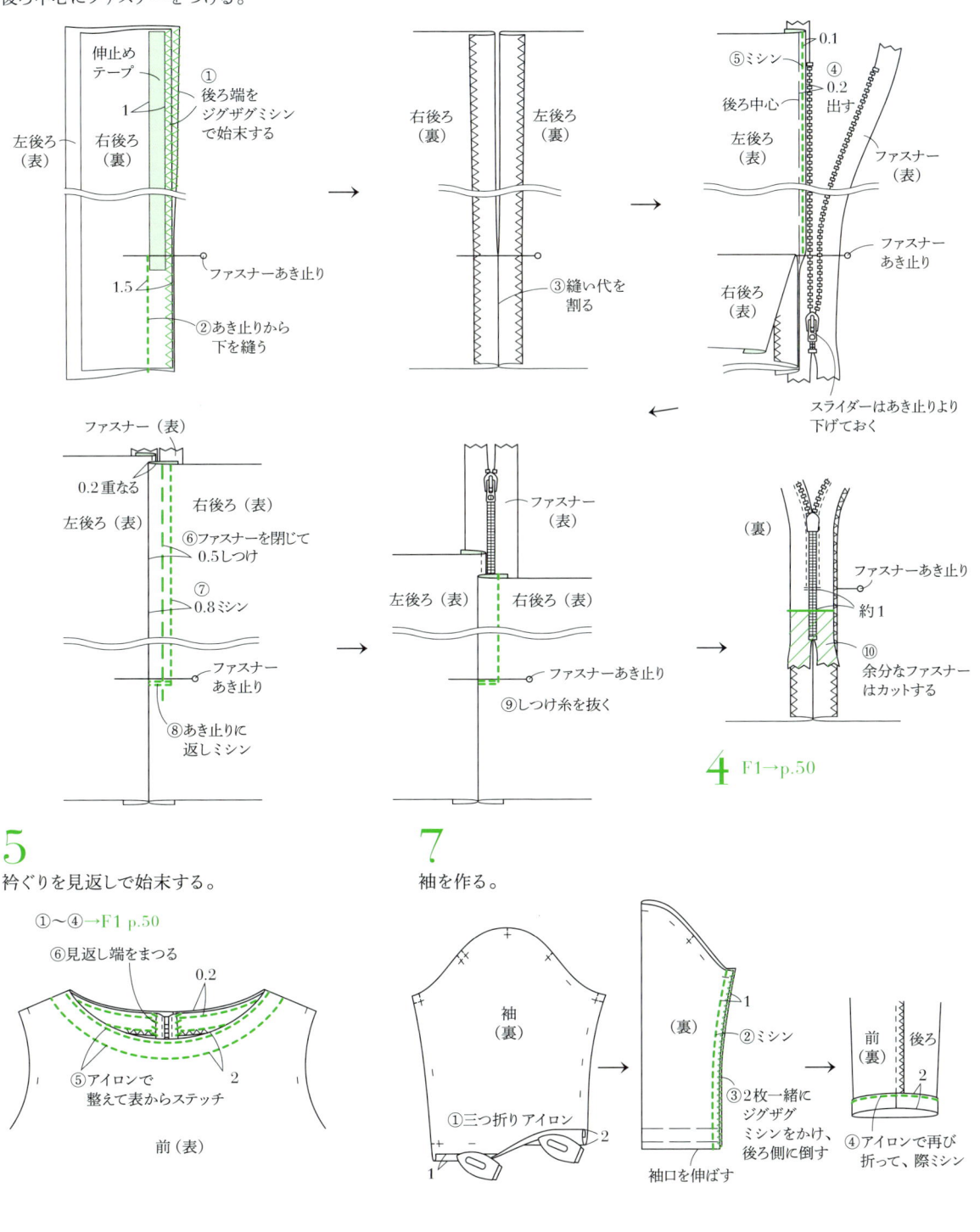

伸止めテープ
後ろ端をジグザグミシンで始末する
左後ろ（表）
右後ろ（裏）
1
ファスナーあき止り
1.5
②あき止りから下を縫う

右後ろ（裏）
左後ろ（裏）
③縫い代を割る

0.1
⑤ミシン
④0.2出す
後ろ中心
左後ろ（表）
ファスナー（表）
右後ろ（表）
ファスナーあき止り
スライダーはあき止りより下げておく

ファスナー（表）
0.2重なる
左後ろ（表）
右後ろ（表）
⑥ファスナーを閉じて0.5しつけ
⑦0.8ミシン
ファスナーあき止り
⑧あき止りに返しミシン

ファスナー（表）
左後ろ（表）
右後ろ（表）
ファスナーあき止り
⑨しつけ糸を抜く

（裏）
ファスナーあき止り
約1
⑩余分なファスナーはカットする

4 F1→p.50

5
衿ぐりを見返しで始末する。

①〜④→F1 p.50
⑥見返し端をまつる
0.2
⑤アイロンで整えて表からステッチ
2
前（表）

6 F1→p.50

7
袖を作る。

袖（裏）
①三つ折りアイロン
2
1

（裏）
1
②ミシン
③2枚一緒にジグザグミシンをかけ、後ろ側に倒す
袖口を伸ばす

前（裏）
後ろ
2
④アイロンで再び折って、際ミシン

8 9 10 F1→p.51

すっきり見える服 G

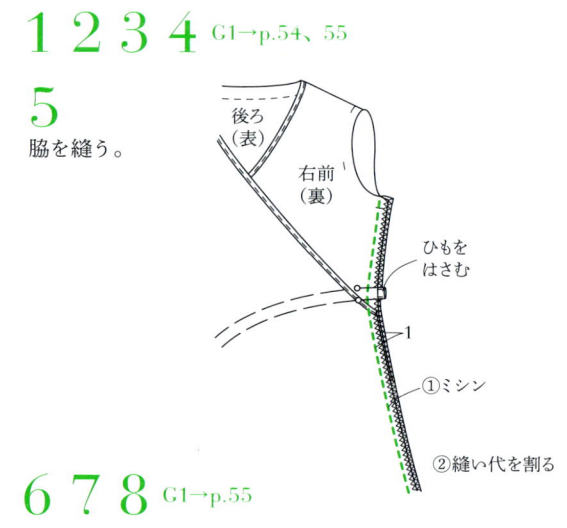

G2 p.53 One-piece

[出来上り寸法]

7号　　バスト91cm／袖丈39.5cm／着丈117cm
9号　　バスト96cm／袖丈40cm／着丈117.5cm
11号　　バスト100cm／袖丈40cm／着丈117.5cm
13号　　バスト104cm／袖丈40.5cm／着丈118cm
15号　　バスト109cm／袖丈41cm／着丈118cm

[材料]

表布（リネン）：138cm幅2.5m
　　　　　　　（100cm幅の場合は3.3m）
接着芯：92cm幅20cm

[パターン]

G右前　G左前　G後ろ　G袖　G後ろ見返し

[準備]

◎後ろ見返しに接着芯をはる。G1→p.54
◎後ろ身頃脇にジグザグミシンをかける。G1→p.54
◎ひもを作る。

裁合せ図

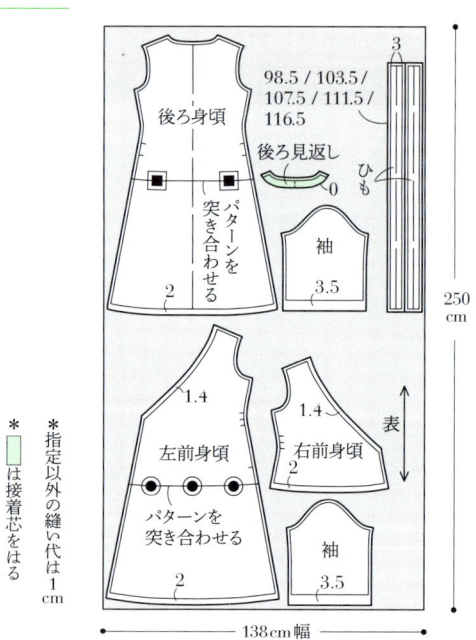

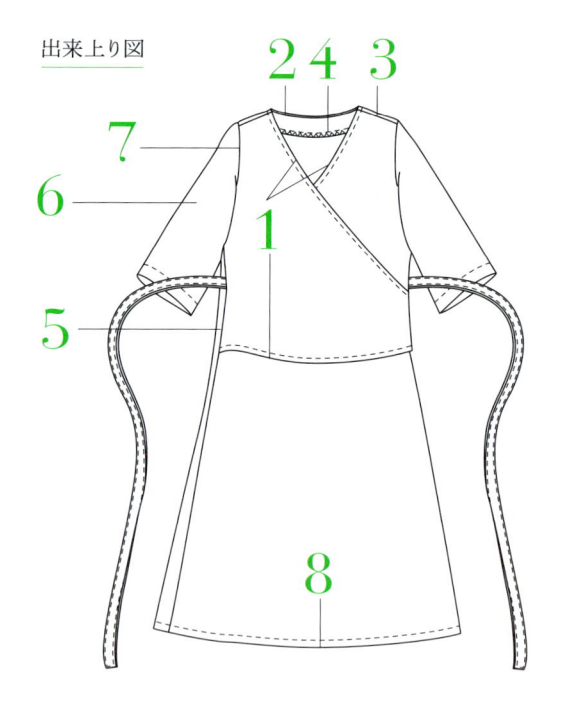

出来上り図

準備　　ひもを作る

1 2 3 4　G1→p.54、55

5　脇を縫う。

6 7 8　G1→p.55

すっきり見える服 I

I2 p.61 Pants

出来上り図

［出来上り寸法］

7号　　ヒップ90cm／股下丈71cm／裾回り25cm
9号　　ヒップ95cm／股下丈71cm／裾回り28.5cm
11号　　ヒップ99cm／股下丈71cm／裾回り30.5cm
13号　　ヒップ103cm／股下丈71cm／裾回り33cm
15号　　ヒップ108cm／股下丈71cm／裾回り36.5cm

※スリムなフルレングスパンツです。
　足の屈伸に支障がないか仮縫いをしてゆとりを確かめてください。

［材料］

表布（リネン）：150cm幅1.1m
　　　　　　　（110cm幅の場合は2.2m）
ゴムテープ：2cm幅 適宜

［パターン］

I前　I後ろ

［準備］

◎股上と脇線にジグザグミシンをかける。I1→p.62

裁合せ図

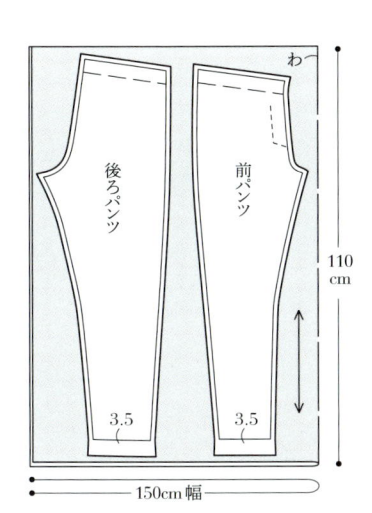

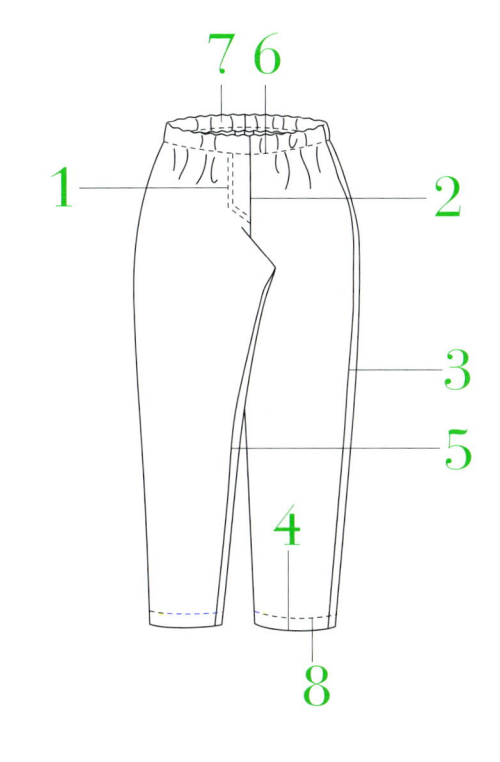

1 2 3 I1→p.62、63

4

裾に三つ折りアイロンをかける。→p.11

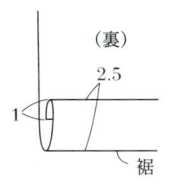

5 6 7 I1→p.63

8

裾の始末をする。

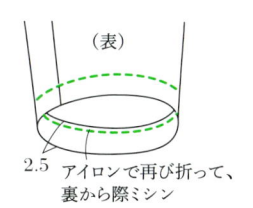

＊指定以外の縫い代は1cm

すっきり見える服 H

H2 p.57 Blouse

[出来上り寸法]

7号　　バスト91.5cm／着丈65cm
9号　　バスト96.5cm／着丈65.5cm
11号　　バスト100.5cm／着丈65.5cm
13号　　バスト104.5cm／着丈66cm
15号　　バスト109.5cm／着丈66cm

[材料]

表布（リバティプリント）：112cm幅2.3m
接着芯：92cm幅10cm
ボタン：直径1.3cm 2個
スナップ：直径1.3cm 2組み

[パターン]

H前　H後ろ　Hおおい布　H衿　H2当て布

[準備]

◎裏衿に接着芯をはる。H1→p.58
◎後ろ身頃脇にジグザグミシンをかける。H1→p.58
◎袖ぐり寸法分のバイアステープを作る。→p.76

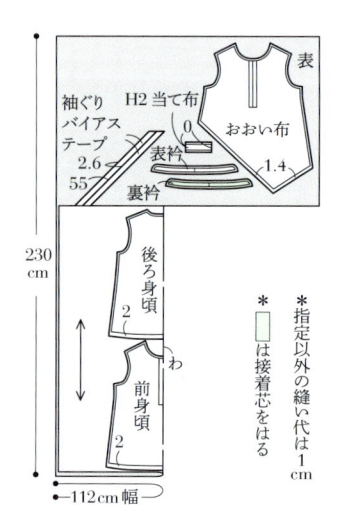

出来上り図

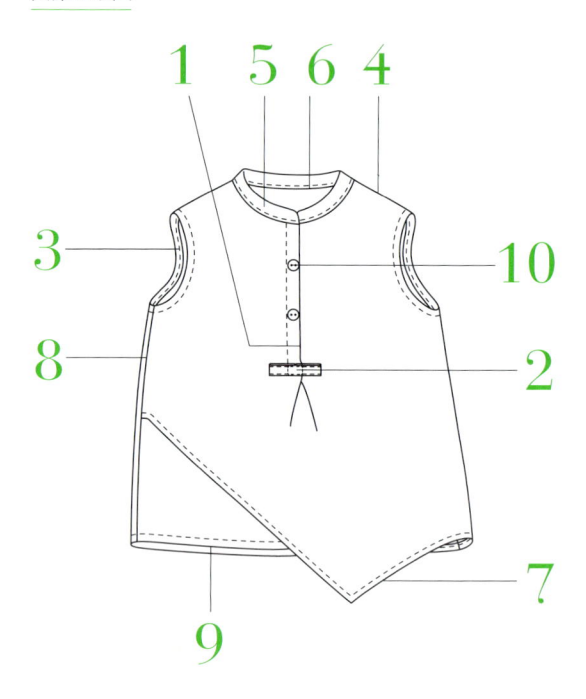

1　H1→p.59

2　当て布を作り、前あき下につける。

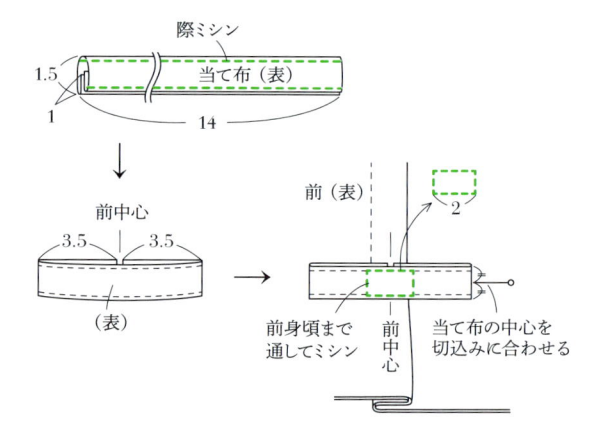

3 4　H1→p.59

裁合せ図

5
衿を作る。

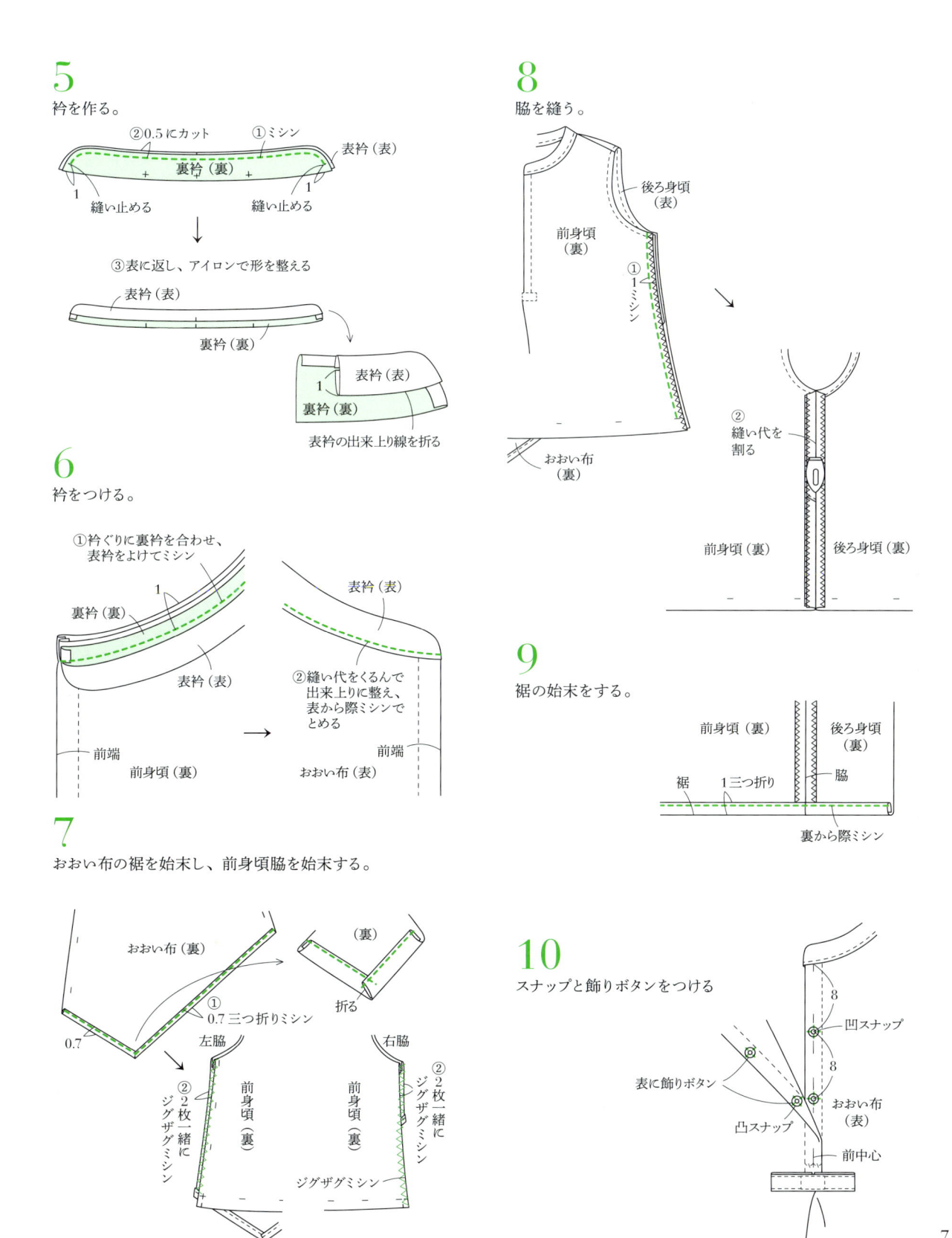

- ①ミシン
- ②0.5にカット
- 表衿（表）
- 裏衿（裏）
- 縫い止める
- 縫い止める
- ③表に返し、アイロンで形を整える
- 表衿（表）
- 裏衿（裏）
- 表衿（表）
- 裏衿（裏）
- 表衿の出来上り線を折る

6
衿をつける。

- ①衿ぐりに裏衿を合わせ、表衿をよけてミシン
- 裏衿（裏）
- 表衿（表）
- 前端
- 前身頃（裏）
- ②縫い代をくるんで出来上りに整え、表から際ミシンでとめる
- 表衿（表）
- 前端
- おおい布（表）

7
おおい布の裾を始末し、前身頃脇を始末する。

- おおい布（裏）
- ①0.7三つ折りミシン
- （裏）
- 折る
- 0.7
- 左脇
- 右脇
- ②2枚一緒にジグザグミシン
- 前身頃（裏）
- 前身頃（裏）
- ②2枚一緒にジグザグミシン
- ジグザグミシン

8
脇を縫う。

- 前身頃（裏）
- 後ろ身頃（表）
- ①1ミシン
- おおい布（裏）
- ②縫い代を割る
- 前身頃（裏）
- 後ろ身頃（裏）

9
裾の始末をする。

- 前身頃（裏）
- 後ろ身頃（裏）
- 脇
- 裾
- 1三つ折り
- 裏から際ミシン

10
スナップと飾りボタンをつける

- 8
- 凹スナップ
- 8
- 表に飾りボタン
- おおい布（表）
- 凸スナップ
- 前中心

75

バイアステープで始末する

市販のバイアステープを使う方法もありますが、共布を使って衿ぐりや袖ぐりを始末すると、目立ちすぎずすっきり仕上がります。

〈裁ち方〉

正バイアス裁ち

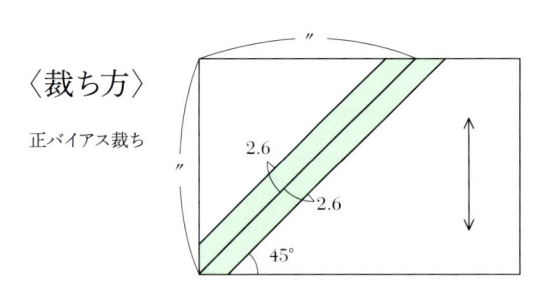

〈はぎ合せ方〉

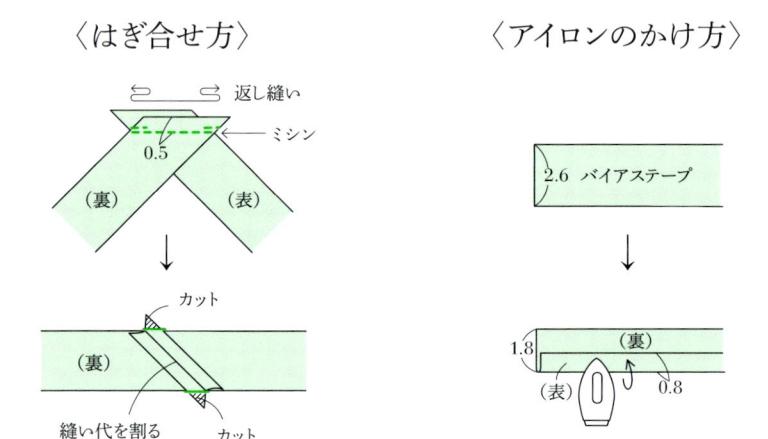

返し縫い
ミシン
0.5
(裏) (表)

↓

カット
(裏)
縫い代を割る　カット

〈アイロンのかけ方〉

2.6 バイアステープ

↓

1.8 (裏)
(表) 0.8

〈バイアステープのつけ方〉

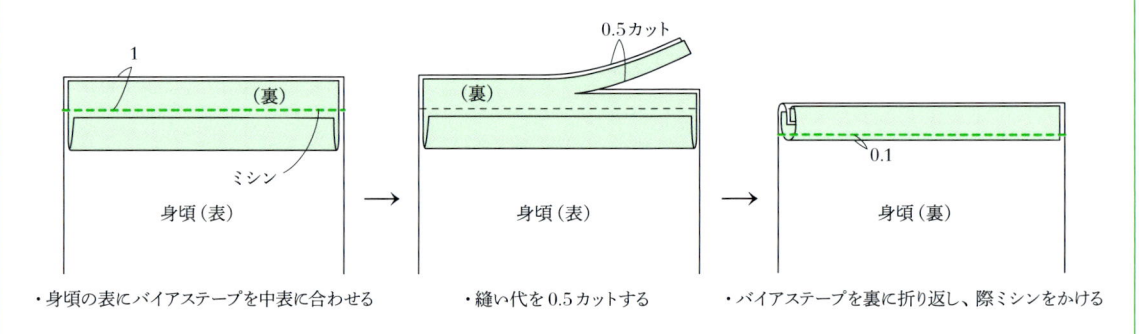

1
(裏)
ミシン
身頃(表)

→

0.5カット
(裏)
身頃(表)

→

(身頃(裏))
0.1

・身頃の表にバイアステープを中表に合わせる
・縫い代を0.5カットする
・バイアステープを裏に折り返し、際ミシンをかける

表づけファスナーのつけ方

ファスナーがポイントになるように表に出してつける方法です。表布にあわせて豊富な色や素材からファスナーを選びましょう。

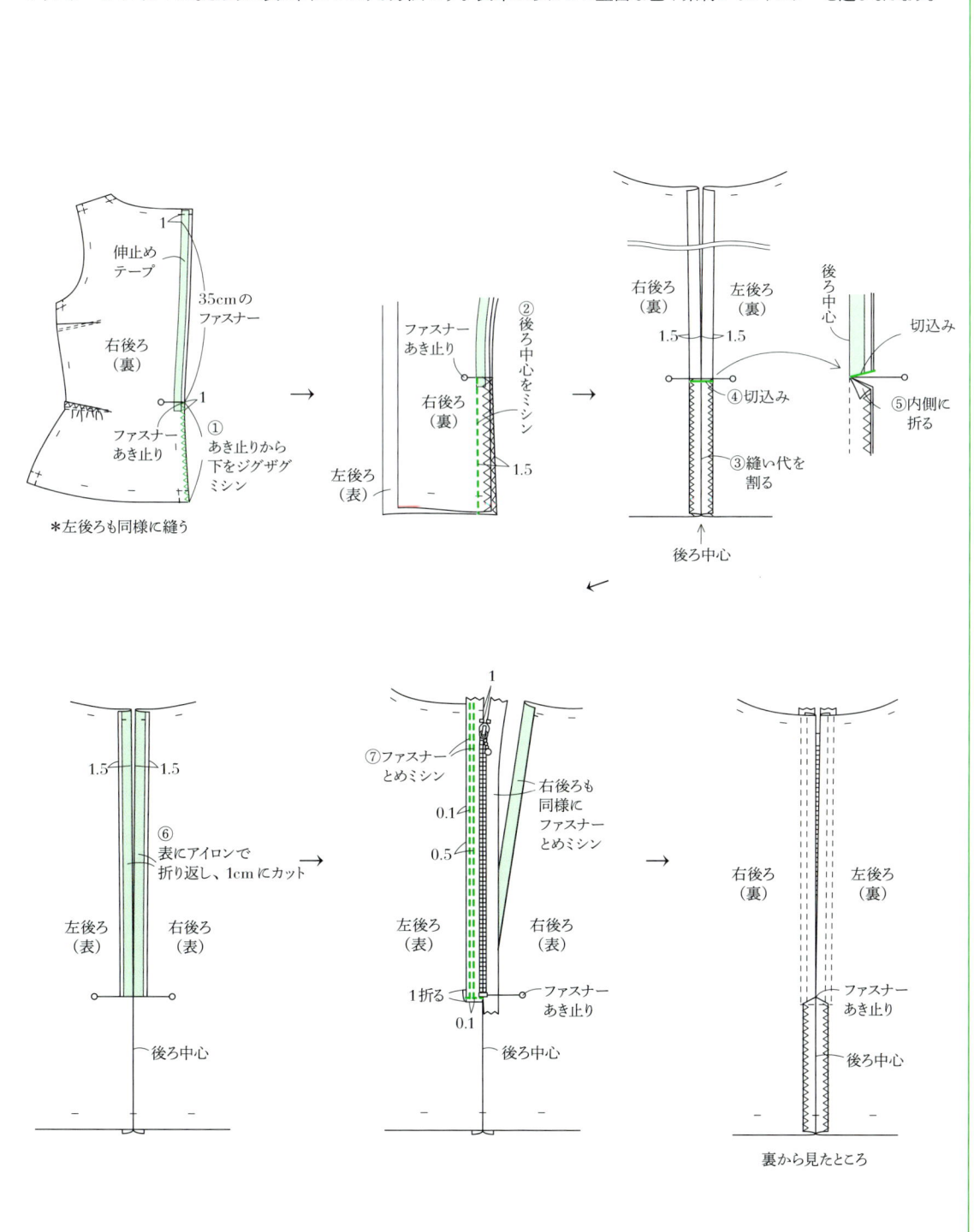

図中のラベル:
- 伸止めテープ
- 35cmのファスナー
- 右後ろ(裏)
- ファスナーあき止り
- ①あき止りから下をジグザグミシン
- ＊左後ろも同様に縫う
- ②後ろ中心をミシン
- 左後ろ(表)
- 1.5
- 右後ろ(裏)
- 左後ろ(裏)
- 後ろ中心
- 切込み
- ④切込み
- ③縫い代を割る
- ⑤内側に折る
- ⑥表にアイロンで折り返し、1cmにカット
- 左後ろ(表)
- 右後ろ(表)
- ⑦ファスナーとめミシン
- 右後ろも同様にファスナーとめミシン
- 0.1
- 0.5
- 1折る
- 裏から見たところ

77

ループ

〈市販のループ〉

市販のループを利用すると、ループ作りの手間が省けます。
色はベーシックカラーが主流、いちばんフィットする色を選びます。

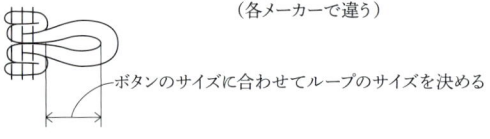

この本で使っているループの市販名はループエンド・ルーパー（各メーカーで違う）

ボタンのサイズに合わせてループのサイズを決める

＊伸びるため、1cmボタンであればループサイズはワンサイズ小さくする

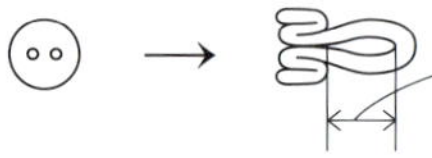

1cmボタン → 8mm幅

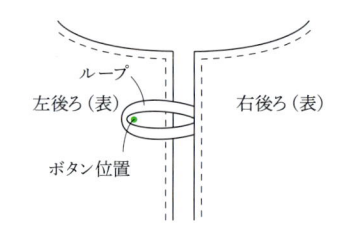

〈共布で作るループ〉

少々手間がかかりますが、伸びるようにバイアス地を使うので、こつをつかめば上手に返すことができます。
仕上りは、目立ちすぎることなくきれいです。

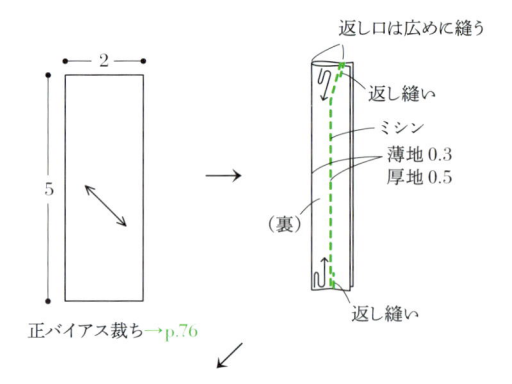

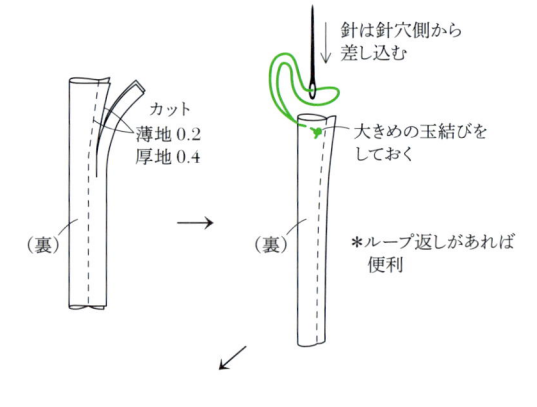

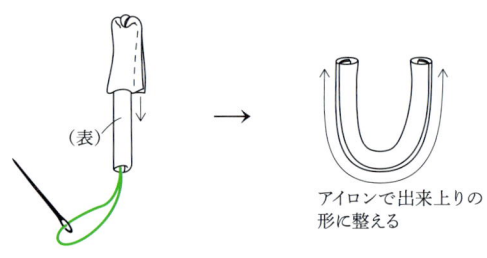

2／5　正バイアス裁ち→p.76

返し口は広めに縫う
返し縫い
ミシン
薄地0.3
厚地0.5
（裏）
返し縫い

カット
薄地0.2
厚地0.4
（裏）

針は針穴側から差し込む
大きめの玉結びをしておく
＊ループ返しがあれば便利

（表）

アイロンで出来上りの形に整える

縫いつけ方　洋服のデザインに合った方法をお好みで

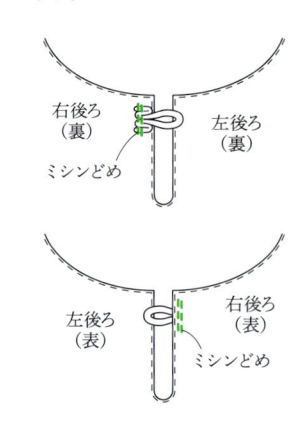

右後ろ（裏）／左後ろ（裏）
ミシンどめ

左後ろ（表）／右後ろ（表）
ミシンどめ

ループのときのボタンの位置

ループ
左後ろ（表）／右後ろ（表）
ボタン位置

ギャザーの寄せ方

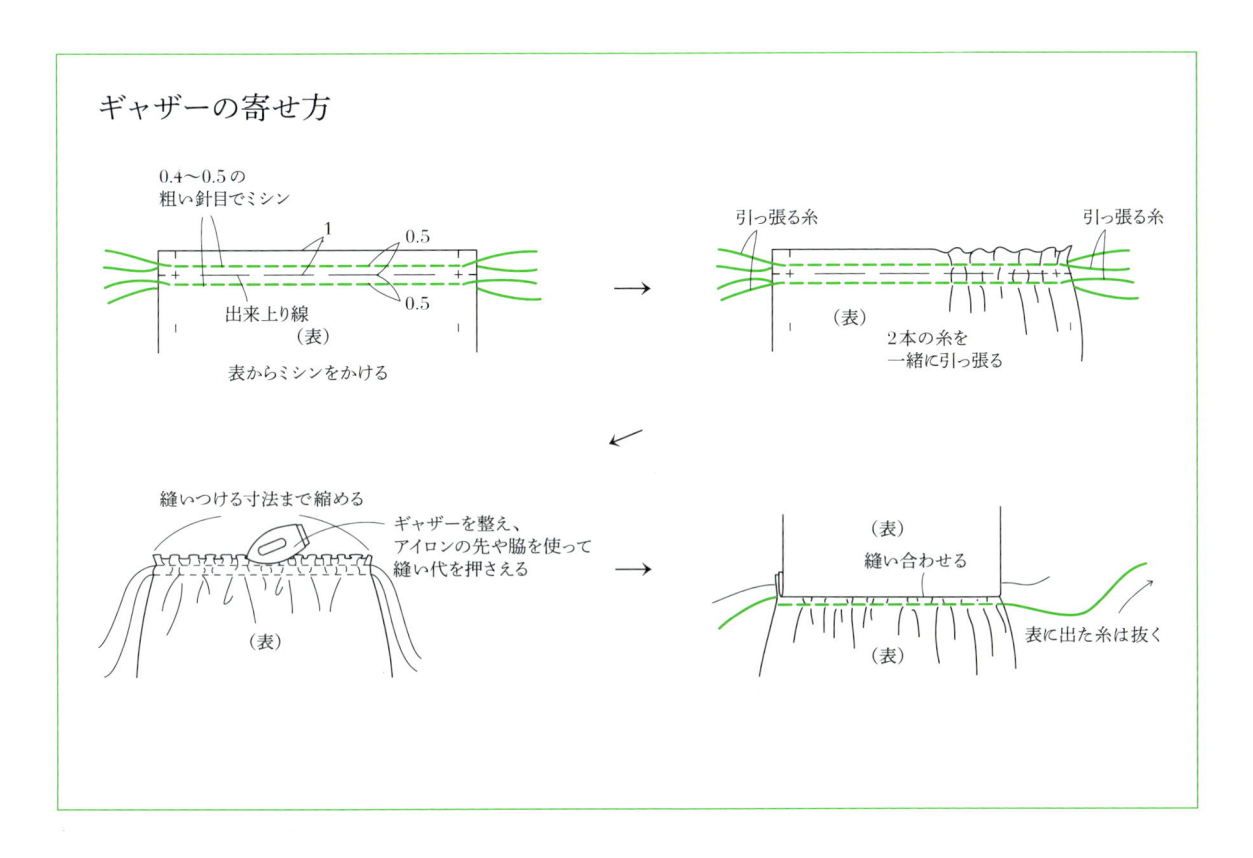

0.4～0.5の粗い針目でミシン
出来上り線
(表)
表からミシンをかける

引っ張る糸　引っ張る糸
(表)
2本の糸を一緒に引っ張る

縫いつける寸法まで縮める
ギャザーを整え、アイロンの先や脇を使って縫い代を押さえる
(表)

(表)
縫い合わせる
(表)
表に出た糸は抜く

ボタンつけ

〈二つ穴ボタン〉
①つけ位置から2回糸を通す
結び玉
布の厚みに合わせて糸足をつける

②糸足に糸を巻きつける

③最後の輪に糸(針)をくぐらせる

⑤表に出して糸を切る
④針を裏へ出し、結び玉を作る

〈足つきボタン〉
①輪の中をくぐらせる
結び玉

②表側から布地に通す

③2回ボタンの足をかがる

④ボタンの足と布の間を2～3回糸で巻いて最後の輪に糸(針)を通す

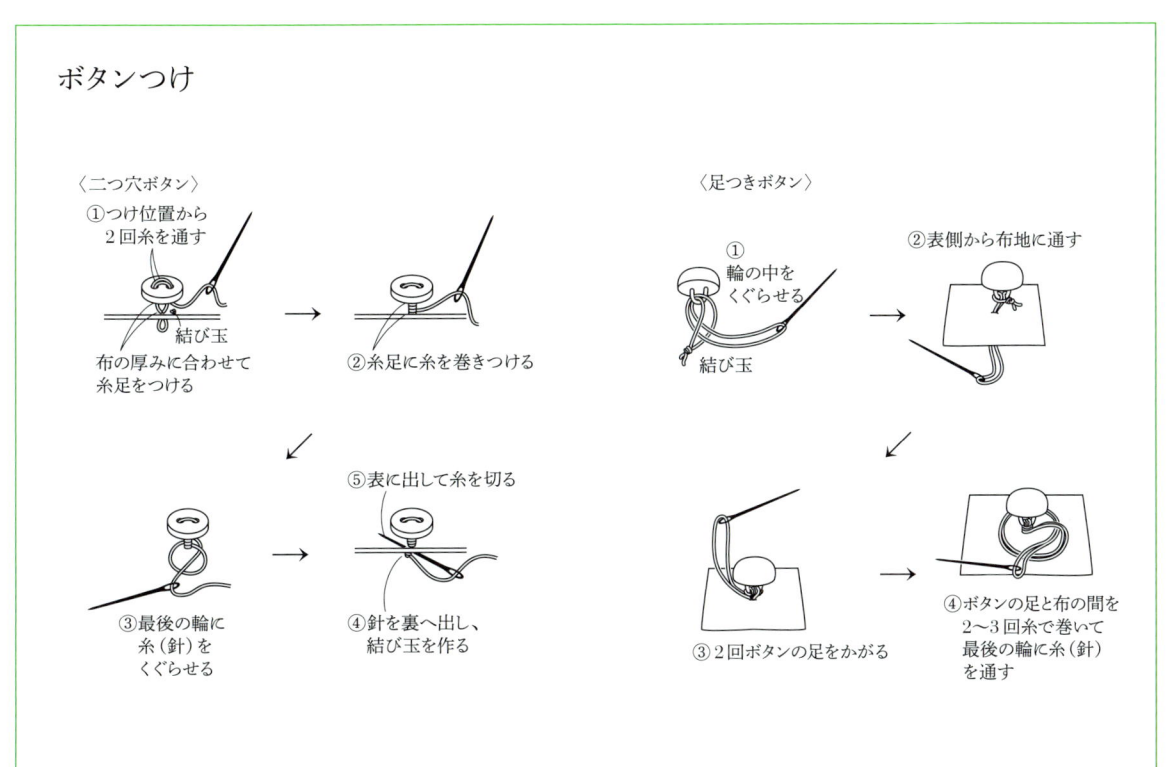

香田あおい

京都市生れ。京都市在住。
アパレルメーカー（デザイン、パターン）勤務を経てフリーランスに。2006年に洋服、バッグ、生活雑貨などをリネン素材中心に作るソーイング教室「LaLa Sewing」を設立、2013年、ソーイング教室に併設してファブリックショップをオープンした。アパレルの合理的な縫製技術と独自のアイディアにより、簡単で楽しいソーイングを伝授している。教室名になっている「LaLa」は、愛犬の名前から。著書に『香田あおいのパターンレッスン 春夏の服』『香田あおいのパターンレッスン 秋冬の服』『基本は7つのワンピース』『香田あおいが作りながら教える 基礎のソーイングレッスン』『こだわりのパターンとテクニックで作る きれいな服』『すっきりきれい セットアップスタイルのすすめ』『大人だから、甘い服』『上質なリネンで作るウェディングドレス＆ゲストドレス』『服作りをサクサク楽しむためのソーイングテクニックをマスターして パターンアレンジで21のデザイン』(すべて文化出版局)がある。

ブックデザイン 渡部浩美	編集協力、デジタルトレース しかのるーむ	提供 the linen bird (リネンバード) ☎03-5797-5517 http://www.linenbird.com/ 作品：A1 B1 C1 C2 D2 (リネンデニム) E1 E2 F1 G1 G2 I1
撮影 有賀 傑	パターングレーディング 上野和博	
スタイリング 前田かおり	パターン配置 近藤博子	LaLa Sewing été ☎075-708-2682 http://www.lalasewing.com 作品：A2 B3 C3 D1 H1 I2 J
ヘア＆メークアップ 廣瀬瑠美	作品製作協力 北 順子 アトリエユーバン	
モデル 三島京子	校閲 向井雅子	リバティジャパン ☎03-6412-8320 http://www.liberty-japan.co.jp/ 作品：B2 F2 H2
	編集 宮﨑由紀子 平山伸子 (文化出版局)	
	special thanks LaLa Sewing http://www.lalasewing.com	協力 Lisette 淀屋橋店 ☎06-4963-2538 http://www.lisette.jp (B2・パンツ、F1・スカート、J・ブラウス)

QUICO
☎03-5464-0913
http://www.quico.jp
(A2 D1・ズロース、B1 C2 G2・サボ、D2 I2・サンダル、G1・スリップ、I2・ブラウス)

Vlas Blomme 目黒店
☎03-5724-3719
http://www.a-j-p.co.jp/vlasblomme.html
(A1・スカート、C1・スカート、C3・パンツ、E2・スカート、G2・ランニング バンダナキャップ)

撮影協力
AWABEES
UTUWA

＊掲載した商品は、時期によっては完売する場合があります。ご了承ください。

作りたいのは
すっきり見える服

2014年 4月27日　第 1 刷発行
2022年11月17日　第14刷発行

著 者　香田あおい
発行者　清木孝悦
発行所　学校法人文化学園 文化出版局
　　　　〒151-8524 東京都渋谷区代々木3-22-1
　　　　tel.03-3299-2489(編集)　tel.03-3299-2540(営業)
印刷・製本所　株式会社文化カラー印刷

©Aoi Koda 2014　Printed in Japan
本書の写真、カット及び内容の無断転載を禁じます。

・本書のコピー、スキャン、デジタル化等の無断複製は著作権法上での例外を除き、禁じられています。
　本書を代行業者等の第三者に依頼してスキャンやデジタル化することは、たとえ個人や家庭内での利用でも著作権法違反になります。
・本書で紹介した作品の全部または一部を商品化、複製頒布、及びコンクールなどの応募作品として出品することは禁じられています。
・撮影状況や印刷により、作品の色は実物と多少異なる場合があります。ご了承ください。

文化出版局のホームページ https://books.bunka.ac.jp/